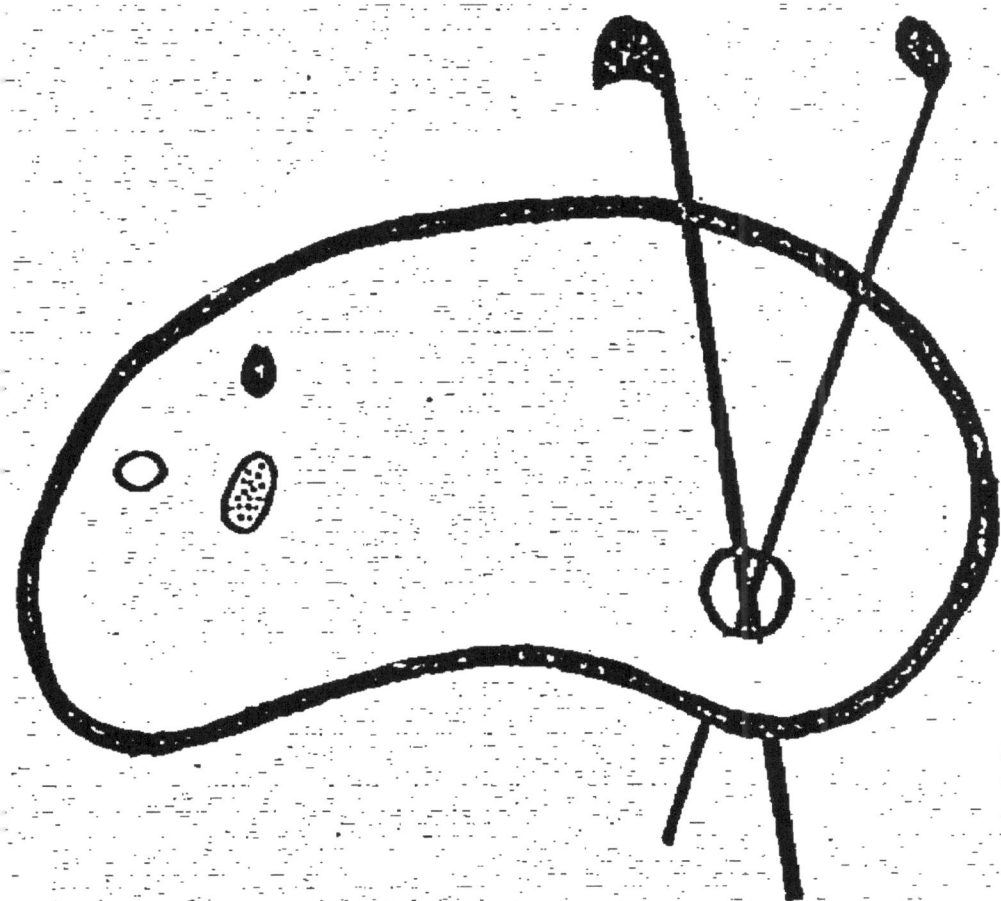

COUVERTURE SUPERIEURE ET INFERIEURE
EN COULEUR

NOTICE HISTORIQUE

SUR LE

CHATEAU D'ÉTAMPES

SUIVIE D'UNE DESCRIPTION DES

RUINES DE GUINETTE

PAR

LÉON MARQUIS,

MEMBRE DE LA COMMISSION DES ANTIQUITÉS ET DES ARTS
DU DÉPARTEMENT DE SEINE-ET-OISE,
MEMBRE-FONDATEUR DE LA SOCIÉTÉ HISTORIQUE
ET ARCHÉOLOGIQUE DU GATINAIS, ETC.

DEUXIÈME ÉDITION
Revue et augmentée.

ÉTAMPES

COUTÉ-MIGEON, LIBRAIRE-ÉDITEUR,
1, PLACE DE L'HOTEL-DE-VILLE

1885

ÉTAMPES, IMPRIMERIE LECESNE-ALLIEN.

NOTICE HISTORIQUE

SUR LE

CHATEAU D'ÉTAMPES.

ÉTAMPES, IMPRIMERIE LECESNE-ALLIEN.

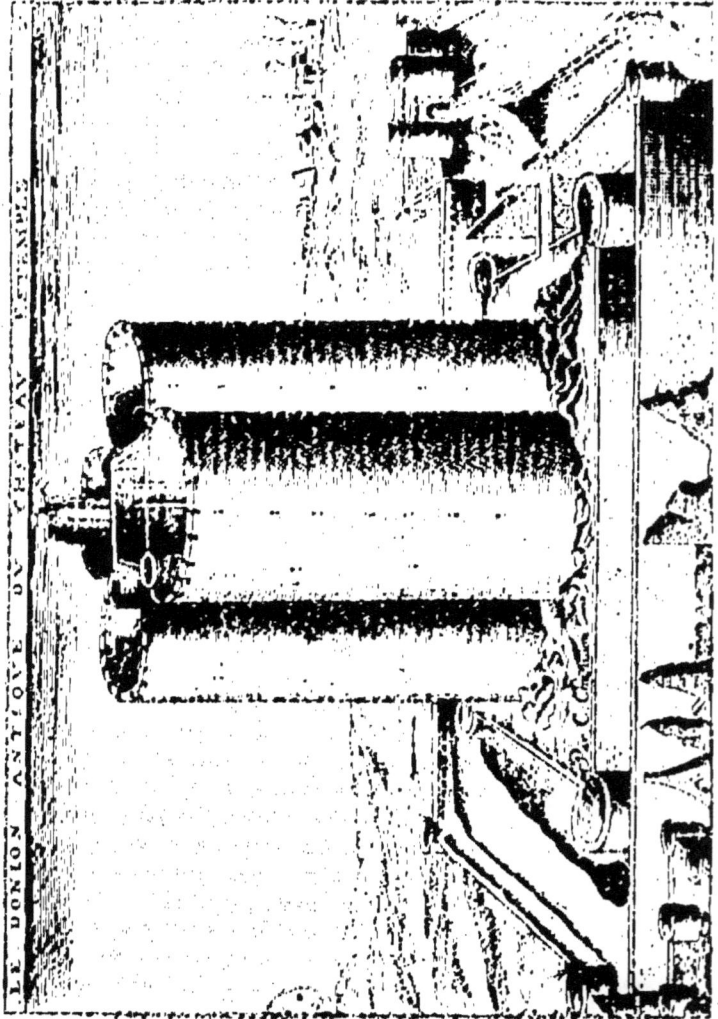

LE DONJON ANTIQUE DU CHÂTEAU

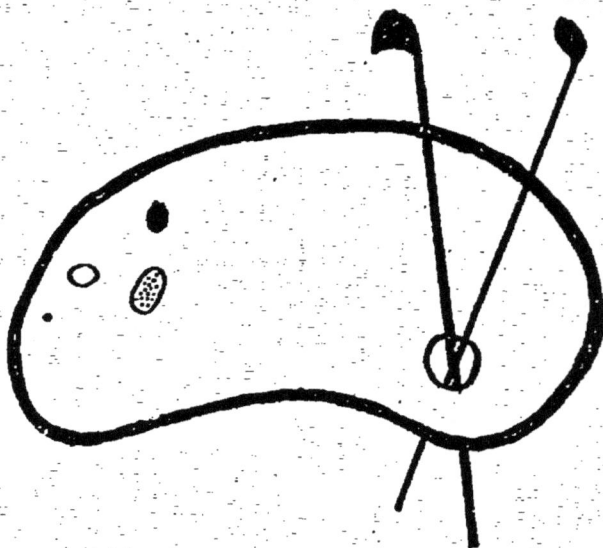

ORIGINAL EN COULEUR
NF Z 43-120-8

NOTICE HISTORIQUE

SUR LE

CHATEAU D'ÉTAMPES

SUIVIE D'UNE DESCRIPTION DES

RUINES DE GUINETTE

PAR

LÉON MARQUIS,

MEMBRE DE LA COMMISSION DES ANTIQUITÉS ET DES ARTS
DU DÉPARTEMENT DE SEINE-ET-OISE,
MEMBRE-FONDATEUR DE LA SOCIÉTÉ HISTORIQUE
ET ARCHÉOLOGIQUE DU GATINAIS, ETC.

DEUXIÈME ÉDITION

Revue et augmentée.

ÉTAMPES

COUTÉ-MIGEON, LIBRAIRE-ÉDITEUR,

1, PLACE DE L'HOTEL-DE-VILLE

1885

Tiré à 100 exemplaires sur vergé.

PRÉFACE

Après l'acquisition du bois de Guinette par la ville
d'Étampes, en 1859, nous avons eu l'heureuse idée de
publier une notice sur les ruines gigantesques de
l'ancien château historique auprès desquelles nous
avons reçu le jour.

Cette notice, demandée constamment par les habitants et les voyageurs, répondait donc à un besoin.
Par suite du silence obstiné d'autres plus autorisés,
nous nous sommes décidé à en faire la publication en
1867, grâce aux événements dont nous avons été per-
sonnellement témoin, grâce surtout à ceux qui ont
bien voulu nous conseiller et nous guider dans nos
premières recherches, et parmi lesquels nous ne pou-

vons nous empêcher de citer : Viollet-le-Duc, Henry de la Bigne, Théodore Charpentier, notre cousin Léon Dureau, M. Lenoir et M. le docteur Bourgeois.

Encouragé par l'accueil bienveillant fait à cette notice par les nombreux visiteurs des ruines, nous avons publié d'autres ouvrages historiques sur la ville d'Étampes et sur ses environs, qui nous ont valu des marques précieuses d'encouragement et de sympathie.

La première édition de la Notice sur le Château d'Étampes étant épuisée depuis longtemps, nous sommes heureux d'en offrir une seconde, à l'occasion du grand concours musical de 1885, et au moment où des travaux indispensables de consolidation vont être entrepris dans ce monument historique.

Cette seconde édition contient en plus de la première : des détails sur le châtelain d'Étampes, Guillaume Menier, dont le sceau a été découvert à Étréchy, et sur l'emprisonnement à Étampes du chevalier Jean Britaut, sous le règne de saint Louis; des notes complémentaires sur les sièges du château durant les XVe et XVIe siècles; le récit détaillé des tentatives de vol aérien faites en 1772 par l'abbé Desforges sur la tour de Guinette; la suite des possesseurs de cette tour depuis la Révolution; enfin, le résultat des dernières fouilles qui ont été pratiquées dans les ruines.

Comme précédemment, nous diviserons le livre en deux parties : Histoire et description. Dans la première, nous rechercherons les origines de la forteresse, nous relaterons les événements dont elle a été témoin depuis les temps les plus reculés jusqu'à nos jours;

dans la seconde, nous traiterons de sa description, des transformations qu'elle a subies, nous attachant surtout à l'étude de la grosse tour de Guinette, qui, nous l'espérons, dominera encore pendant longtemps la vallée d'Étampes.

Léon MARQUIS.

NOTICE HISTORIQUE

SUR LE

CHATEAU D'ÉTAMPES.

HISTOIRE.

LA TOUR DE GUINETTE. — LE CASTEL D'ESTAMPES.
ORIGINES. — ARMOIRIES. — ÉTYMOLOGIES.

Le voyageur qui d'Orléans se dirige vers Paris aperçoit sur sa gauche, à la station d'Étampes, une colline surmontée de ruines gigantesques consistant principalement en une vieille tour désignée dans la localité et au loin à la ronde sous le nom de *tour de Guinette.*

Cette tour est le reste du donjon du *castel d'Estampes,* devenu célèbre par les souvenirs qui se rattachent à son histoire.

L'origine du château d'Étampes est restée inconnue. On croit que ce *castel* date de l'époque *gallo-romaine,* mais qu'il a été rebâti plusieurs fois,

1

et que le bon roi Robert-le-Pieux lui a donné une grande importance.

On voit dans l'*Histoire du Gastinois*, par dom Guillaume Morin, que « le roi Robert fit bastir à Estampes un *chasteau* de forte structure, y fonda l'église Nostre-Dame et y mit un collége de chanoines (1). »

André du Chesne ne doute pas non plus que « ce roi n'ait jeté les premiers fondements du *chasteau d'Estampes* (2). »

Le chroniqueur Helgaud dit que « la reine Constance, seconde femme de Robert-le-Pieux, avait fait bâtir un beau palais et un oratoire au *castel d'Estampes* (3). »

Avant le roi Robert, on ne trouve dans l'histoire aucune trace d'*Estampes-le-Chastel;* on doit en conclure que ce nom avait été donné à cette partie de la ville par suite de la construction d'une vaste forteresse sur son territoire.

Du reste, une tradition locale bien connue attribue la construction du châtel d'Étampes au roi Robert.

(1) Guillaume Morin, *Histoire du Gastinois.* Paris, 1630, in-4°, p. 482.

(2) André du Chesne, *Antiquitez et recherches des villes, chasteaux,* etc., *de toute la France.* Paris, 1609, in-8°, p 309.

(3) Helgaud, *Vie du roi Robert.* Recueil des historiens des Gaules et de la France, par les religieux bénédictins de la Congrégation de Saint-Maur. Paris, 1767, in-fol., t. X, p. 100. — Ces chroniques, écrites vers 1042, sont traduites en français, t. VI, p. 368 de la collection Guizot.

Ainsi, cette forteresse a été bâtie ou reconstruite sous Robert-le-Pieux, vers l'an 1020 (1).

Sur des pièces de monnaie en argent de Philippe Ier on trouve ces mots latins : CASTELLVM STAMPIS, c'est-à-dire *Estampes-le-Chastel*.

Il existe des pièces analogues de Louis VI et de Louis VII.

Il est donc clairement établi que le château d'Étampes existait à la fin du xie siècle.

L'histoire ne nous a laissé que très peu de documents sur le château. Néanmoins, quelques écrivains ont pu fournir récemment de précieux renseignements déduits d'un examen sérieux des ruines du donjon. Non-seulement ils ont assigné une époque à cette construction, mais ils ont donné aussi de curieux détails sur ses dispositions intérieures.

Dans sa *Notice sur le donjon d'Étampes*, insérée dans le *Bulletin monumental*, M. Victor Petit en fait remonter l'origine à la fin du xiie siècle, et, pour

(1) De Montrond, *Essais historiques sur la ville d'Étampes*, t. 1, p. 182.

ainsi dire, « à la première période du règne de Philippe-Auguste, de 1180 à 1200 (1). »

D'après M. Viollet-le-Duc, « on ne doit assigner à la construction du donjon d'Étampes une époque antérieure à 1150 ni postérieure à 1170 (2). »

Tout ceci ne s'applique évidemment qu'au donjon et ne détruit pas ce que nous avons dit sur l'origine du château; car, comme le dit M. Victor Petit, « on doit présumer que Philippe-Auguste, qui pourvut à la défense des villes de ses États en les entourant de hautes murailles, a achevé la forteresse commencée par Robert-le-Pieux et bâti le donjon dont on admire encore les ruines (3). » Ainsi que nous le verrons ci-après en parlant du seigneur Hombaus, le donjon est un peu plus ancien et existait déjà en 1107, malgré l'opinion d'un archéologue éminent, M. Anthyme Saint-Paul, qui assigne à cette tour la période de 1115 à 1125, sans avoir égard aux documents historiques les plus authentiques (4).

Il serait difficile de trouver, parmi les rares vestiges de cette antique résidence, des ruines gallo-

---

(1) De Caumont, *Bulletin monumental*. Paris, 1847, in-8°, t. XII, p. 488. — De Caumont, *Abécédaire, ou rudiment d'archéologie*. Paris, 1858, in-8°, 2ᵉ édit., p. 351.

(2) Viollet-le-Duc, *Dictionnaire raisonné de l'architecture*, t. V, art. *Donjon*.

(3) De Caumont. — De Montrond. — *Mémoires* de Du Tillet.

(4) Anthyme Saint-Paul, *Notre-Dame d'Étampes*, 1881, in-4°.

romaines, et s'il y en a, le donjon, assurément,
n'en fait pas partie; il constitue un système défensif employé seulement à partir du règne des premiers Capétiens. C'est un donjon polylobé, comme
ceux de Houdan et de Provins, et ses ouvertures à
fort ébrasement extérieur le font remonter, selon
M. A. de Dion, à la première moitié du xii⁰ siècle (1).

Les emblèmes qui composent les blasons des
villes ont généralement été adoptés pour perpétuer
le souvenir des circonstances particulières de leur
fondation ou de leur histoire. Les armes de la ville
en sont un exemple frappant; elles rappellent le
castel qui a donné naissance à la nouvelle ville :

« De gueules à un château maçonné de sable,
chargé d'un écu écartelé au 1ᵉʳ et 4ᵉ de France, au
2ᵉ et 3ᵉ de gueules à la tour d'or crénelée d'argent (2). »

L'étymologie du mot *Guinette* est encore plus
obscure que l'origine du château dont cette tour
marque l'emplacement. Les uns disent que *Guinette*
vient du seigneur *Gui*, fils de Hugues du Puiset, et
vicomte d'Étampes sous le règne de Louis-le-Gros.
D'autres prétendent que ce nom est d'origine gau-
loise, et croient rencontrer dans les vestiges du
castel d'Estampes les ruines d'un temple druidique
où se faisait la consécration solennelle du *gui*. Mais

(1) *Lettre à M. de Caumont sur quelques châteaux du
XIᵉ siècle*, par A. de Dion. Caen, 1866, in-8⁰, p. 10 et 16.
(2) Fleureau, p. 28. Ce sont les armoiries d'*Étampes-
les-Nouvelles* au xviiᵉ siècle.

la plupart des étymologistes font venir avec raison *Guinette* du vieux mot français *guignier* (voir de loin, observer), parce que la situation et l'élévation de cette tour la rendaient singulièrement propre à cet usage (1).

LE CHATEAU SOUS ROBERT-LE-PIEUX, PHILIPPE Ier,
LOUIS VI, LOUIS VII (1020-1193).

Dans Helgaud on trouve l'anecdote suivante qui s'est passée à *Étampes-le-Châtel*, sous Robert-le-Pieux.

« La reine Constance avait fait bâtir un beau palais et un oratoire au *château d'Étampes*. Quand ce palais fut construit, le roi, fort content, y vint dîner avec sa cour ; et, voulant que rien ne manquât à la fête, il ordonna que tous les pauvres qui se présenteraient fussent admis auprès de lui : la salle du festin en fut bientôt remplie. Pendant le repas, l'un d'eux se glissa sous la table comme un chien et se coucha aux pieds du roi. Pendant que Robert lui passait des vivres, le pauvre profita de cette familiarité pour s'emparer d'un riche bijou qui pendait au vêtement royal, puis s'esquiva. Ce bijou avait une valeur de six onces d'or et s'appelait le *label*. Le roi ne crut pas devoir remarquer le larcin. Quand le repas fut fini, on ordonna à tous les

_____

(1) De Montrond, t. I, p. 49.

pauvres de se retirer. Le roi se leva de table, et la reine Constance s'étant aperçue aussitôt de la lacune dans la toilette de son royal époux, s'écria en colère : « Ah ! bon seigneur, quel est l'ennemi de Dieu qui a déshonoré ainsi votre vêtement royal en le dépouillant de ce qu'il avait de plus précieux ? » Le roi répondit : « Personne ne m'a déshonoré; celui qui m'a enlevé cet ornement en avait plus besoin que moi; ce vol, grâce à Dieu, lui profitera. » Et, se réjouissant de la perte qu'il venait de faire, il se rendit dans son oratoire. Là étaient présents Guillaume, abbé de Dijon, le comte Eudes et plusieurs grands du royaume (1). »

Quand le roi Robert passait à Étampes et dans quelques autres villes, il faisait distribuer abondamment du pain, du vin et des aliments à trois cents et quelquefois à mille pauvres. Le jeudi saint, il assemblait avec soin plus de trois cents pauvres, et lui-même, à la troisième heure du jour, leur servait à chacun des légumes, des poissons, du vin, et leur donnait un denier. A la sixième heure, après avoir fait de semblables aumônes à cent pauvres clercs et gratifié d'un denier douze d'entre eux, il chantait de cœur et de bouche les cantiques du roi-prophète; puis, ceignant un cilice, il lavait les pieds des douze pauvres, les essuyait avec ses cheveux, et après le repas donnait à chacun deux sous (2).

(1) Helgaud, *Vie du roi Robert.*
(2) Helgaud. — Environ 36 francs de notre monnaie

Un acte passé à _Étampes-le-Châtel_, en 1030, prouve que Robert-le-Pieux y séjournait quelquefois (1).

Des prévôts, des baillis et des vicomtes commandèrent autrefois au _château d'Étampes_. Un vicomte en avait la garde, vers l'an 1100, quand Louis VI dit le Gros fut associé au trône par Philippe Ier, son père, qui éprouvait le besoin de réprimer ses vassaux rebelles. Le jeune prince, âgé de vingt-deux ans, se signala aussitôt contre les barons du nord de Paris; et plus tard, devenu roi, c'est du château d'Étampes qu'il partit pour batailler contre ses grands vassaux, c'est-à-dire les sires de Montlhéry, du Puiset, de Rochefort, et d'autres seigneurs qui, maîtres d'une foule de places inexpugnables enserrant la capitale, interceptaient les communications de Paris à Orléans et bravaient impunément la colère des souverains. Qu'on lise le roman la _Tour de Montlhéry_, de M. Viennet, ou le drame _Luciane de Montfort_, extrait de ce roman, et on aura une idée nette de la situation que les seigneurs féodaux avaient faite à nos rois en ce temps-là.

Le fameux seigneur de Chalo-Saint-Mard, qui vivait sous Philippe Ier, était châtelain d'Étampes, si l'on en croit l'historien Favin.

En 1107, Louis-le-Gros fit mettre en prison dans la _tour d'Étampes_ le seigneur Hombaus, châtelain de Sainte-Sévère.

(1) _Recueil des historiens de France_, t. X, p. 623.

Après avoir parlé des outrages que ce seigneur faisait subir aux gens du pays, le chroniqueur ajoute :

« Renommée qui tost vole, s'espandi par le chastel et par le pays que le sire du règne et les siens estoient venus ce chastel prendre, et si ne s'en partiroient jusques à tant qu'il fust pris et ceulx dedens pendus et les yeux sachiés (arrachés), et tout le chastel ars et destruit. Moult eurent grand paour ceulx du chastel et de toute la contrée de ceste nouvelle. Si eut cil chastelain tel conseil que il rendi soy et le chastel et toute sa terre, en la manière et en la volenté du sire du règne. Et ainsi s'en retourna à victoire et en mena avec soy ce chastelain et le mist en prison en la *tour d'Estampes* (1). »

Ceci prouve que cette tour existait déjà en 1107.

En 1194, Philippe-Auguste fit enfermer au *château d'Étampes* Robert, comte de Leicester, qu'il avait fait prisonnier avec armes et bagages à l'attaque du fort de Léon, en Normandie, lors de ses démêlés avec Richard, roi d'Angleterre. « En ce point prit le roi Philippe, Guillaume Robert, le comte de Lincestre, chevalier hardi et corageus, en la tor d'Estampes le fist emprisonner (2). »

(1) *Chron. de Saint-Denis. — Vie de Louis-le-Gros*, par Suger. — *Recueil des historiens de France*, t. XII. — Fleureau, p. 75.

(2) *Recueil des historiens de France*, t. XIX, p. 244 ; t. XVII, p. 380.

PHILIPPE-AUGUSTE FAIT ENFERMER LA REINE INGEBURGE
DANS LE CHATEAU D'ÉTAMPES. — HISTOIRE DE CETTE
PRINCESSE. — AUTRES PRISONNIERS ENFERMÉS DANS LE
CHATEAU. — CHATELAINS D'ÉTAMPES. (1193-1407).

En 1200, le *château d'Étampes* servit de prison à
la reine Ingeburge (1), princesse danoise, dont les
infortunes ont toujours excité les sympathies des
cœurs généreux.

Ingeburge était fille de Waldemar 1er dit le
Grand, et sœur de Canut VI, qui régnèrent en Danemark pendant le xii° siècle. Le roi de France,
Philippe, ayant entendu vanter la beauté de la
princesse, envoya l'évêque de Noyon en Danemark
pour demander sa main. Ingeburge partit pour la
France ; Philippe alla au-devant d'elle jusqu'à Arras,
et leur mariage fut célébré à Amiens la veille de
l'Assomption de la Vierge de l'année 1193 (2).

Le roi fit sacrer Ingeburge le lendemain par son
oncle Guillaume de Champagne, archevêque de
Reims.

(1) *Ingeburge*, en danois *Ingebour*, est quelquefois appelée *Ingelburge*, plus rarement *Isamburge* et *Isburge*. Le
Père Daniel, dans son *Histoire de France*, prouve, d'après
des documents authentiques, que le vrai nom de la princesse danoise est *Ingeburge*.

(2) Anselme, *Histoire généalogique de France*. Paris,
1726, in-fol., t. I, p. 79. — Sismondi, *Histoire des Français*, 1828, in-8, t. VI, p. 154.

Philippe, regardant la princesse pendant la cérémonie, commença par en avoir horreur ; il trembla, il pâlit, et fut si troublé qu'il ne put attendre la fin du couronnement. Cependant Ingeburge, âgée seulement de dix-huit ans, était aussi belle que vertueuse, et les historiens du temps s'accordent à dire qu'elle joignait à toutes sortes de qualités les grâces ingénues de son âge (1).

On se perd en conjectures sur les causes de cette subite aversion.

Philippe essaya de faire prononcer canoniquement le divorce, sous un prétexte de parenté ou d'affinité aux degrés prohibés ; mais les prélats et les barons se montrèrent si peu disposés à partager le blâme d'une pareille mesure, que le roi se vit obligé de temporiser.

Ingeburge fut renvoyée de la cour, et Philippe prit la résolution de se séparer d'elle, prétendant n'avoir jamais consommé le mariage, contrairement à la déclaration d'Ingeburge. Le roi allégua la parenté existant entre sa première femme, Isabelle de Hainault, et la reine Ingeburge, du chef de Charles-le-Bon, comte de Flandre, fils de Canut IV, roi de Danemark (2).

Dès que le caprice du roi fut connu, plusieurs seigneurs français se présentèrent à une assemblée qui fut présidée par l'archevêque de Reims, au

(1) Géraud, § 1.
(2) Michaud, *Biographie universelle*, art. *Ingeburge*.

château de Compiègne, le 5 novembre 1193, et là affirmèrent par serment qu'il y avait parenté à un degré prohibé entre la première et la seconde femme du roi. L'assemblée jugea cet obstacle suffisant, quoique cette parenté éloignée ne fût pas comprise dans les prohibitions de l'Église, et elle prononça immédiatement la sentence du divorce (1). La Danoise assistait à l'assemblée sans comprendre ce qui se disait ; quand l'interprète le lui eut expliqué, elle s'écria tout en pleurs : *Mala Francia ! mala Francia ! Roma ! Roma !...* « Méchante France ! méchante France ! Rome ! Rome !..., » pour faire entendre qu'elle en appelait au pape de la décision du concile.

Philippe voulut renvoyer Ingeburge en Danemark ; elle y consentit d'abord, mais elle changea d'avis et se retira dans l'abbaye de Cisoing (Belgique).

Là, réduite à une pénurie extrême, elle vendait ses vêtements et sa vaisselle pour vivre.

La décision du concile de Compiègne fut loin de rendre au roi sa tranquillité. Le roi de Danemark, Canut, indigné d'apprendre le traitement qu'avait subi sa sœur, fit partir pour Rome son chancelier André et l'abbé Guillaume d'Eskil, et les chargea de demander justice au pape (1194).

Sur ces entrefaites, Ingeburge fit entendre de son côté de justes plaintes à la cour de Rome. Célestin III,

(1) Henri Martin, *Histoire de France*, t. III. — Géraud, § 1.

après avoir mûrement examiné la généalogie d'Ingeburge, cassa la sentence du divorce et enjoignit à l'archevêque de Reims et aux autres prélats français de s'opposer à ce que le roi contractât un nouveau mariage (1195) (1).

Les deux envoyés danois obtinrent du Saint-Père une lettre qui fut portée au roi par le légat Censius. Célestin ordonnait de convoquer un concile le 7 mai 1196, sous la présidence du cardinal Mélior; mais ce concile, qui eut lieu à Paris, fut intimidé par la présence de la cour et se sépara sans avoir rien décidé. Philippe regardant cette issue comme une preuve en sa faveur, contracta un nouveau mariage avec Marie-Agnès, fille de Berthold, duc de Méranie (Tyrol) (2).

Le mariage fut célébré solennellement au mois de juin 1196, au mépris d'une bulle du pape Célestin III, qui avait annulé le divorce et avait interdit au roi de se remarier sous peine d'excommunication.

Ingeburge renouvela ses plaintes, et le roi de Danemark les appuya.

Ce furent sans doute ces démarches qui déterminèrent Philippe à aggraver encore la position de sa malheureuse épouse. Arrachée du monastère où elle avait édifié le monde par toutes sortes de vertus, Ingeburge se vit enfermée dans une forteresse loin-

(1) Géraud, § 2.
(2) *Id.* § 3.

taine, d'où elle adressa au pape de nouvelles peintures de ses malheurs (1198) (1).

Innocent III, successeur de Célestin III, soupçonnant que cette affaire n'avait pas été traitée dans les précédents conciles avec le discernement et l'équité nécessaires, embrassa avec chaleur la cause d'Ingeburge. Après plusieurs vaines démarches auprès du roi, il chargea son légat en France, Pierre de Capoue, d'assembler un troisième concile à Dijon, pour juger la conduite du roi. La cour de Rome voulait éloigner du roi Agnès de Méranie et lui faire reprendre Ingeburge, sa légitime épouse. Innocent écrivit aux prélats des églises de France pour les exhorter à exécuter avec vigueur la sentence quelconque, soit d'interdit, soit d'excommunication, qui serait prononcée, sans se laisser déconcerter par un appel du roi en cour de Rome.

Ensuite le pape dépêcha lettres sur lettres au roi et à l'évêque de Paris, son diocésain, pour sommer Philippe « de rentrer dans le devoir et de renvoyer sa concubine. »

Le 6 décembre 1199, les archevêques de Lyon, de Reims, de Bourges, de Vienne ; dix-huit évêques, les abbés de Cluny, de Vézelai, de Saint-Remi de Reims, et de Saint-Denis se réunirent à Dijon, sous la présidence de Pierre de Capoue. Les commissaires de Philippe, prévoyant l'interdit, en appe

---

(1) Géraud, § 3. — On trouve deux lettres touchantes d'Ingeburge dans les *Essais historiques sur la ville d'Étampes,* par M. de Montrond, t. I, p 155.

lèrent d'avance au souverain pontife, comme on s'y était attendu. Mais les prélats n'en tinrent aucun compte, et la sentence fut formulée. On jugea prudent d'en différer la promulgation, peut-être pour ne pas compromettre la sécurité du légat et des évêques. Le 15 janvier 1200, Pierre de Capoue présida une nouvelle assemblée à Vienne sur le Rhône, parce que les prélats comptaient être plus libres dans une ville qui n'appartenait pas encore à la France. Là, en présence d'un grand nombre de prélats, dont quelques-uns étaient sujets de Philippe, le légat prononça solennellement l'interdit (1).

Plusieurs évêques, entre autres ceux de Paris, de Senlis, de Soissons, se soumirent immédiatement à la sentence. D'autres, à l'exemple de l'archevêque de Reims, en différèrent l'exécution ; mais ils se soumirent les uns après les autres, et l'interdit pesa sur le royaume dans toute sa rigueur.

Comme pour braver la main qui le frappait, Philippe rendit plus étroite et plus dure la captivité d'Ingeburge, qui était bien innocente du fléau (1200).

Plusieurs vieux historiens disent qu'Ingeburge fut alors enfermée dans la *tour d'Étampes;* mais M. Géraud prouve qu'au mois de septembre 1200, la reine était encore prisonnière dans une forteresse lointaine, à plus de trois journées de Paris (2).

En vain le roi adressa à la cour de Rome des sol-

(1) Géraud, § 1.
(2) Géraud, § 4.

licitations pour faire lever l'interdit. Il se vit obligé
de plier sous les conditions qui lui étaient imposées,
demandant un jugement et promettant de se sou-
mettre à tout ce qui serait prononcé contre lui.

Cette promesse ne satisfit point Innocent ; il exi-
gea qu'au préalable Philippe reprit Ingeburge et
renvoyât Agnès. Alors Philippe céda ; le cœur brisé,
il se sépara d'Agnès et reconnut la nullité de leur
union. Ingeburge, en ce moment malade, fut conduite au château royal de Saint-Léger en Iveline,
ancienne résidence des reines de France. Le cardi-
nal-légat Octavien, évêque d'Ostie, envoyé en France
par le souverain pontife, se rendit à ce château le 7
septembre 1200, accompagné d'une foule d'évêques.
Le roi ayant fait mine de considérer Ingeburge
comme sa femme, Octavien, après toutes les for-
malités, leva solennellement l'interdit qui pesait
sur la France depuis huit mois. La même assemblée, qui avait vu Philippe tendre la main à sa
femme, vit aussitôt ce prince solliciter ardemment
l'examen juridique de la validité de son mariage (1).

Le cardinal Octavien, évêque d'Ostie, demanda à
la cour de Rome, au nom du roi de France, que le
procès d'Ingeburge fût revu. Le pape répondit qu'il
y serait fait droit dans un concile convoqué à Soissons, où le roi, la reine et les députés de Danemark
furent sommés de se rendre dans un délai de
six mois six semaines six jours six heures. Le sou-

(1) Géraud, § 5.

verain pontife exprimait des doutes sur la légiti-
mité des plaintes d'Ingeburge : il l'engagea à ne
pas cesser de demander au ciel le retour de la ten-
dresse de son mari.

A l'époque fixée (mars 1201), le concile de Soissons s'assembla sous la présidence du cardinal Octavien. Le roi s'était entouré d'une foule d'avocats
qui s'empressèrent à l'envi de plaider et de déve-
lopper les moyens propres à faire prononcer le divorce. La multitude des questions qu'on adressa au
roi et la longueur des débats qui duraient depuis
plusieurs jours l'humilièrent et l'offensèrent telle-
ment qu'un matin, de très bonne heure, il prit tout
à coup le parti d'emmener Ingeburge et d'envoyer
dire aux prélats, au moment le plus vif de la discussion : « qu'ils peuvent se retirer quand il leur
plaira ; qu'il regarde Ingeburge comme sa femme ;
que tout est fini. » Puis, mettant la reine en croupe
sur son cheval, il la fit enfermer dans le *château
d'Étampes* (1).

Rappelons à cette occasion qu'il existe deux dra-
mes concernant la captivité d'Ingeburge : le premier en quatre actes et en vers, par Ernest Legouvé,
musique de Gounod, et dont l'une des scènes se
passe au château d'Étampes ; le deuxième en cinq
actes et en prose par Alexandre de Norville. Enfin,
il existe une pièce qui se rattache indirectement à
notre sujet ; c'est la tragédie en vers : *Agnès de Méranie,* par Ponsard.

(1) Géraud, § 5.

La résolution qui soustrayait le roi aux ministres de Rome fut considérée par ses amis comme une victoire, et par les cardinaux comme un affront (1).

La mort d'Agnès, arrivée en 1200, ne rapprocha pas Philippe d'Ingeburge, qui ne recouvra que son titre de reine et fut très malheureuse, au dire de tous les historiens.

Enfermée dans la *tour du Roi* (2) à Étampes, Ingeburge était gardée aussi rigoureusement qu'une prisonnière d'État. Les privations qui lui furent imposées, au printemps de l'an 1203, inspirèrent de sérieuses alarmes pour sa santé. La nourriture devint très irrégulière, quelquefois insuffisante. Les vêtements lui manquaient, et le peu qu'on lui en laissa était loin de convenir à son rang et à sa dignité. Les bains, la saignée, les conseils d'un médecin, tout ce qui peut servir à maintenir le corps dans un état sain et salubre lui était sévèrement interdit. Son cœur aimant et son âme pieuse eurent aussi une large part dans cette odieuse persécution. Les lettres par lesquelles Innocent III s'efforçait de consoler la reine et de relever son courage n'arrivaient pas jusqu'à elle. La prison nouvelle était plus étroite et plus dure que la précédente. Personne n'obtenait la permission de la visiter, pas même les envoyés du roi Waldemar II, son frère,

(1) *Chroniques de Saint-Denis*, chap. XIV.
(2) La *tour du Roi*, c'est-à-dire le donjon du château royal d'Étampes.

successeur de Canut, qu'ils fussent ou non porteurs
de lettres du Danemark. Deux chapelains danois
avaient seuls obtenu, avec beaucoup de peine, l'au-
torisation de l'entretenir une seule fois, en langue
française, et devant les témoins désignés par le
roi. Philippe avait fait rayer le nom d'Ingeburge
des prières publiques qu'on avait coutume de chan-
ter pour le roi et la reine dans toutes les églises
de France. Rarement on lui accordait la permission
d'entendre la messe ; quant aux autres offices, aux
instructions pieuses, à la confession même, elle en
était absolument privée. Les serviteurs que lui avait
donnés son royal époux avaient reçu des instructions particulières. Hors de la présence de la reine,
ils témoignaient leur compassion pour ses malheurs ; mais lorsque leur service les appelait auprès d'elle, loin de relever son esprit par des pa-
roles encourageantes, ils imputaient à elle-même
sa disgrâce et lui prodiguaient le reproche et l'in-
jure. Enfin, et ce dernier trait ne doit laisser aucun
doute sur les coupables espérances du roi ; des
émissaires, habiles à déguiser sous le masque de
la piété l'influence ennemie qui les faisait agir,
s'introduisaient auprès de la reine et s'efforçaient,
par leurs perfides conseils, de la déterminer à vio-
ler volontairement les lois du mariage et à favo-
riser, de sa libre adhésion, la réussite des projets
de son mari (1).

(1) Géraud, § 6. — Nous nous sommes empressé de
recueillir ces documents et ceux qui vont suivre dans le

Ce système de vexations hypocrites plongea
d'abord l'âme de la reine dans un morne déses-
poir.

« Mon père, s'écriait-elle en s'adressant au pape,
je tourne mes regards vers vous afin de ne pas pé-
rir. Ce n'est pas de mon corps, c'est de mon âme
que je m'inquiète, car je meurs tous les jours, Saint-
Père, pour conserver intacts les droits sacrés du
mariage; et qu'elle me paraîtrait douce, bonne,
suave, à moi malheureuse femme désolée et reje-
tée de tous, cette mort unique de la chair qui m'ar-
racherait aux tourments des mille morts que j'en-
dure! » Elle reprend bientôt courage; elle demande
au pape des consolations, et termine en priant Innocent de la dégager à l'avance de tout serment qui
pourrait lui être arraché par la violence (1203) (1).

Le souverain pontife chargea l'abbé Casamario
de porter sa réponse à la reine, et en même temps
une lettre pour Philippe-Auguste, par laquelle il
s'efforce d'éveiller dans l'âme de ce prince les sentiments de la honte et de la peur. Le pape demande
aussi pour son légat la liberté de voir la reine et
de lui offrir des consolations. Philippe n'osa point
refuser cette faveur; mais la situation d'Ingeburge
n'en fut point améliorée, car, le 9 décembre 1203,
le pape se plaignait assez vivement au sujet des

savant mémoire de M. Géraud, la plupart des historiens
ne donnant presque plus de détails sur Ingeburge, à partir de sa captivité dans la tour d'Étampes.

(1) Géraud, § 6.

accusations que l'obstination du roi faisait tomber
sur le Saint-Siège.

Philippe, trop occupé de la conquête de la Normandie (1204), oublia quelque temps ses projets
de divorce, pour les reprendre en 1205. Il se mon-
trait résolu à faire valoir, non-seulement l'affinité
qu'il prétendait exister entre sa femme et lui, mais
encore l'ensorcellement dont ils étaient, disait-on,
les victimes, et qui s'opposaient invinciblement à
leur union. Le Saint-Père envoya aussitôt son chapelain au *château d'Étampes*. C'était un homme sage
et discret, qui, en apportant à la reine des consolations du Saint-Siège, devait adroitement sonder
les dispositions intimes de cette princesse opprimée,
recueillir ses aveux et s'assurer de ses intentions,
afin de mettre le souverain pontife en mesure de
prononcer en toute justice sur la nouvelle prétention
élevée par le roi. Mais Philippe n'y donna aucune
suite. Il essaya de répandre le bruit que des sor-
tilèges l'empêchaient d'habiter avec sa femme, et
la reine resta prisonnière à la *tour d'Étampes*. Le
2 avril 1207, le pape écrivit au roi une nouvelle
lettre pleine de sagesse et de raison, et qui sem-
blait devoir le ramener à de meilleurs sentiments.
Il désirait toujours une réconciliation complète.
Toutefois, comme l'inutilité de ses démarches anté-
rieures ne lui laissait pas grand espoir de réussir
sur ce point, il s'attachait à faire sentir au roi la
honte et la barbarie de sa conduite, non plus envers la reine et l'épouse légitime, mais envers la

femme. « Le roi, dit-il, s'expose non-seulement à
la colère de Dieu, mais encore à la haine des
hommes, en traitant comme une vile esclave une
princesse illustre, d'origine royale, sœur, épouse et
fille de rois. »

Cette lettre fit sans doute faire à Philippe-Auguste
des réflexions sérieuses, car il fit, en 1207, une nouvelle tentative pour se rapprocher d'Ingeburge, ou
plutôt il feignit de vouloir se réconcilier avec sa
femme, car ses tergiversations continuelles accusent le peu de sincérité de ses intentions. Il essaya
ensuite de tirer parti des sentiments pieux de la
prisonnière pour lui inspirer la résolution d'entrer
en religion. Ne pouvant rien par la force, il essaya
la douceur en se relâchant un peu de la parcimonie
avec laquelle il avait pourvu jusqu'alors à l'entre-
tien d'Ingeburge ; la nourriture devint tolérable et
les vêtements décents. Mais la reine ayant refusé
obstinément les propositions du roi, sa captivité
devint bientôt plus étroite ; ses serviteurs lui furent
enlevés l'un après l'autre, et enfin on ne laissa plus
pénétrer auprès d'elle que des personnes apostées
qui lui vantaient les agréments de la vie monastique, lui faisaient, au nom du roi, les plus magni-
fiques promesses si elle se déterminait à prendre
le voile, lui traçaient au contraire le tableau le plus
sinistre des privations et des tourments qui l'attendaient si elle s'opiniâtrait dans sa résistance aux
désirs du monarque. La malheureuse reine, aban-
donnée de tous, tourmentée par ces suggestions

incessantes, par des promesses brillantes ou par de terribles menaces, finit par succomber et jura d'embrasser la vie monastique.

Philippe, en avertissant le pape de l'incident, demandait la permission de contracter un nouveau mariage. Le souverain pontife reconnut quelque chose de suspect dans tous les moyens allégués successivement par le roi ; aussi, avant toute discussion, il prétendit que le roi devait commencer par rendre à la reine une liberté pleine et entière. Mais Philippe ne voulut pas courir les chances d'une procédure si habilement combinée par le souverain pontife (1208) (1).

Quatre années se passèrent sans faire avancer d'un pas la question, mais aussi sans introduire aucune amélioration dans la position de la reine. Une lettre du pape, datée du 7 mai 1210, ne lui porte encore, dans sa prison d'Étampes, que des espérances et des consolations. Le roi fit de nouvelles objections au pape ; mais, le 9 juin 1212, le Saint-Père répond qu'il ne voit aucun moyen de condescendre aux désirs de Philippe. Les relations charnelles de ce prince avec la reine sa femme sont allées si loin, elles sont si fréquemment prouvées par les fréquents aveux d'Ingeburge, renouvelés en présence de plusieurs ecclésiastiques, que le pape ne pourrait plus maintenant prendre une décision de son chef et sans le concours d'un concile. Il

(1) Géraud, § 6.

exhorte donc le roi à se défier des mauvais conseillers et à se rapprocher de la reine qui a bien racheté par un long martyre les bonnes grâces de son époux; le conjure de ne plus importuner le Saint-Siège de cette affaire, parce qu'il semblerait vouloir profiter de ses embarras pour arracher au pape ce que l'équité lui défend d'accorder.

Le souverain pontife faisait ainsi allusion à ses démêlés avec Othon de Brunswick, et surtout avec Jean-sans-Terre, roi d'Angleterre, récemment excommunié parce qu'il n'avait pas voulu reconnaître l'archevêque de Cantorbéry, nommé par le pape. Jean-sans-Terre persécuta les évêques de son royaume. Le 24 mars 1208, l'Angleterre fut soumise à l'interdit. Jean ne s'étant pas mis en peine d'apaiser la colère du souverain pontife, une sentence d'anathème fut lancée contre lui en 1211, et, une année s'étant écoulée sans qu'il demandât l'absolution et sa réconciliation avec l'Église, Jean fut déclaré indigne du trône et déposé en 1212. Dans une assemblée solennelle de prélats et de seigneurs qui eut lieu à Soissons en janvier 1213, et à laquelle assistait le roi de France, on enjoignit à ce dernier et aux autres princes, en leur promettant la rémission de leurs péchés, de s'emparer de l'Angleterre, les armes à la main. Philippe, de son côté, n'avait pas besoin d'être excité à une conquête qu'il méditait depuis longtemps; aussi, il s'empressa avec joie de faire les préparatifs de l'expédition, qui devait partir de Boulogne. Philippe déclara de plus, en présence des évêques et des grands barons, qu'à partir de ce moment il reprenait Ingeburge de Danemark, se réconciliait avec elle, et lui rendait la plénitude de ses droits d'épouse et de reine (1).

Cette fois, Dieu merci, la réconciliation n'était pas feinte, comme celle qui avait eu lieu au même endroit, douze ans auparavant. Philippe reprit bien réellement la reine sa femme, et vécut en bonne intelligence avec elle le reste de ses jours. La nouvelle de la réconciliation des deux époux fut le signal d'une joie universelle.

Nous ne suivrons pas Philippe-Auguste dans ses exploits : disons seulement, pour satisfaire la légitime curiosité du lecteur, que le roi Jean-sans-Terre fit manquer l'expédition projetée en s'humiliant devant le souverain pontife.

Ingeburge, au moment où finissent ses infortunes, était dans sa trente-huitième année. Elle en avait passé vingt dans la prière et les larmes, reléguée d'abord au fond d'un monastère, puis dans une forteresse lointaine, enfin dans la solitude du *donjon d'Étampes*, où elle passa la plus grande partie de sa captivité, ouvrant de ses mains des vêtements qu'elle faisait distribuer aux pauvres. Elle répandait des bienfaits autant que le lui permettait sa pauvreté. Philippe Céné avait rendu quelques services à la noble prisonnière : n'ayant point d'argent

(1) Géraud, § 7.

à lui offrir, Ingeburge lui donna une masse de métal qui se trouvait dans le château d'Étampes (1).

A la cour de Philippe, elle ne connut jamais le bonheur; mais elle y trouva au moins la paix et un traitement honorable. Après la mort du roi, arrivée en 1223, sa dot fut assignée sur divers revenus de l'Orléanais.

Par son testament, Philippe légua à sa chère épouse Ingeburge dix mille livres parisis; elle avait en outre le douaire que le roi lui avait assuré en l'épousant. C'était, pour ainsi dire, une réhabilitation tardive des persécutions odieuses et injustes dont elle avait été l'objet (2).

Par son testament fait en 1218, Ingeburge charge d'une partie de ses dispositions testamentaires Guillaume Menier, châtelain d'Étampes, dont il est parlé plus loin.

Ingeburge mourut le 29 juillet 1236, à l'âge de soixante ans, dans une île de l'Essonne, au prieuré de Saint-Jean-en-l'Ile, qu'elle avait fondé et où l'on voyait encore son tombeau, il y a quelques années (3).

En 1793, lorsqu'on fit l'ouverture de son cercueil, on y trouva une couronne en cuivre doré et une quenouille. Ces objets furent déposés à l'Arsenal de Paris (4).

(1) De Montrond, t. I, p. 158.
(2) Géraud, § 7.
(3) Anselme. *Histoire généalogique de France*, t. I, p. 79. — De Montrond, t. I, p. 167 et 217.
(4) *Dict. de la conversation*, art. Ingeburge.

Quoique le souvenir d'Ingeburge imprime à la *tour de Guinette* un caractère sombre, on aime néanmoins à reporter sa pensée sur ces lieux que d'autres événements, et notamment des sièges importants, des défenses héroïques, ont rendus célèbres.

Guillaume Menier était châtelain d'Étampes au commencement du xiiie siècle. Un contrat de l'année 1207, concernant le monastère de Sainte-Colombe, près Sens, est passé devant lui et devant Guillaume, chantre de Notre-Dame d'Étampes (1).

Le sceau en cire de Guillaume Menier se voit aux Archives nationales. Il est appendu à une charte concernant l'abbaye de Saint-Victor. Guillaume est représenté à cheval, couvert d'une cotte de mailles ; autour du champ, une croix suivie de ces mots : *Sigillum Villelmi Menerii de Stampis*.

Le contre-sceau représente une enceinte crénelée d'où s'élève un donjon (sans légende) ; diamètre, cinq centimètres.

Mais le plus beau monument concernant notre châtelain est au musée d'Étampes. C'est le sceau en bronze, le sceau véritable du même personnage. Il a été découvert en 1866 par un maçon qui faisait des travaux de soutènement à un mur au sud-ouest de l'église d'Étréchy. D'un diamètre un peu plus grand que le premier (six centimètres au lieu de cinq), ce sceau porte à peu de chose près les mêmes empreintes que celui des archives. Le

(1) Fleureau, p. 526 à 532, 597.

sceau du musée, selon M. Dramard, remonte à
l'année 1227, époque à laquelle Guillaume Menier

Sceau du châtelain d'Étampes, Guillaume Menier.

fut élevé à la dignité de « bailly pour le roi » et de
« capitaine du château d'Étampes » (1).

Vers la fin du règne de saint Louis, un chevalier
nommé Jehan Britaut, seigneur de Nangis et de
Fontaines, grand panetier de France, l'un des chevaliers qui accompagnèrent le roi en Terre-Sainte,
eut des contestations avec le chambellan Pierre
Dubois. L'un des fils de ce dernier ayant été as-
sassiné, Britaut fut compromis en qualité d'ennemi
de Dubois « et, dit le confesseur de la reine Mar-
guerite, li benoiez rois fist en la fin prendre ledit
monseigneur Jehan et le fist mener à Estampes, et
estre ilecques en prison par un an et plus » jus-

(1) *Abeille d'Étampes* du 11 décembre 1875. — Brussel,
Nouvel examen général de l'usage des fiefs, 1727, in-4°, t. I,
p. 439. — Fleureau, p. 526.

qu'à ce qu'une enquête faite à ce sujet l'eût déclaré innocent (1).

Le *Château d'Étampes*, tour à tour résidence royale et prison d'État, ensuite habité par les princes d'Évreux, comtes d'Étampes, devint une citadelle vers la fin du moyen âge.

PRISE MÉMORABLE DU CHATEAU D'ÉTAMPES PAR LOUIS DE FRANCE DUC DE GUYENNE, A LA TÊTE DES BOURGUIGNONS. — AUTRES SIÈGES QU'A SUBIS LA FORTERESSE (1407-1585).

L'histoire est dans le silence sur ce qui s'est passé au château d'Étampes durant les xiii⁰ et xiv⁰ siècles.

La seigneurie d'Étampes n'avait cessé de faire partie du domaine de la couronne jusqu'au milieu du xiii⁰ siècle, époque à laquelle d'illustres souverains la reçurent en apanage. La baronnie fut érigée en comté par le roi Charles IV, dit le Bel, en 1327, et plusieurs princes du sang prirent successivement le titre de *comtes d'Étampes* (2).

(1) Joinville, *Histoire de saint Louis*. Collᵒⁿ Petitot, 1ʳᵉ série, t. II, p. 55. — Anselme, *Hist. généal.*, t. VIII, p. 605. — *Rec. des hist. de Fr.*, t. XX, p. 118 et 119.

(2) On trouve dans les *Essais historiques sur la ville d'Étampes*, par M. de Montrond, le tableau chronologique de tous les suzerains d'Étampes, depuis Blanche de Castille, mère de saint Louis, jusqu'à Louis-Philippe-Joseph d'Orléans, dernier duc d'Étampes, et père de Louis-Philippe, roi des Français. On trouvera une liste plus complète

Des lettres de Louis d'Évreux, deuxième du nom, comte d'Étampes, par lesquelles il fait don de plusieurs biens à l'église Notre-Dame, « furent données dans le château d'Étampes en août 1373 » (1).

Jehan de France, duc de Berry, troisième fils du roi Jean-le-Bon (et, par suite, oncle du roi Charles VI), avait fait, en 1387, une substitution du comté d'Étampes en faveur de Philippe-le-Hardi, duc de Bourgogne, son frère ; mais Jean-sans-Peur, héritier de Philippe-le-Hardi, ayant fait assassiner le duc d'Orléans, neveu du duc de Berry, ce dernier changea de dispositions et permit à Charles d'Orléans, fils aîné de la victime, de mettre garnison dans le *château d'Étampes* (1407) (2).

En 1411, pendant la folie du roi son père, Louis de France duc de Guyenne et dauphin de Viennois, alla attaquer le comté d'Étampes, qui appartenait au duc de Berry. Le duc de Guyenne s'unit aux Bourguignons commandés par Jean-sans-Peur, son beau-père, pour mettre un terme au pillage commis dans les environs de Paris par les Armagnacs (gens de la faction d'Orléans), qui étaient alors enfermés dans le *château d'Étampes* (3).

---

des mêmes suzerains dans la deuxième édition de l'*Histoire du Gâtinais*, par dom Morin.

(1) Fleureau, *Antiquités d'Étampes*, p. 324.

(2) Fleureau, *Antiquités d'Étampes*, p. 175. — Lebas, *Univers pittoresque*, art. *France*. — Anselme, *Histoire généalogique de France*, t. III, p. 129.

(3) Les faits qui vont suivre sont extraits en grande

Le duc de Guyenne paraissait commander l'expédition; mais tout s'y passait sous les ordres du duc de Bourgogne, qui voulait fournir au jeune prince l'occasion de faire ses premières armes avec éclat.

Le duc de Guyenne partit de Paris le 23 novembre 1411; il était accompagné de Jean-sans-Peur, duc de Bourgogne. Venaient ensuite : Philippe de Bourgogne, comte de Nevers, frère de Jean-sans-Peur; les comtes de la Marche, de Penthièvre, de Vaudemont, etc., et le maréchal de Boucicault, avec une puissante armée. Arrivés à Corbeil, ils y séjournèrent quelques jours en attendant leurs machines de siège; puis ils se dirigèrent sur la ville d'Étampes.

L'armée bourguignonne se présenta ensuite devant le château de la Bretonnerie (1), défendu par une bonne garnison. Le commandant, sommé de se rendre, s'y refusa d'abord; mais voyant qu'on disposait les batteries et les machines pour donner l'assaut de sa forteresse, il s'enfuit secrètement la nuit avec ses compagnons. Le duc de Guyenne fit cependant détruire la plus grande partie de la place et reprit le chemin d'Étampes.

Les habitants vinrent a sa rencontre et lui offrirent avec empressement les clés de la ville, l'assurant de

partie de la *Chronique du religieux de Saint-Denis,* chap. xxxvii.

(1) Le château de la Bretonnerie se trouvait sans doute à l'endroit occupé aujourd'hui par une chapelle antique et un hameau situés à l'est d'Arpajon.

leur fidélité, le suppliant de les traiter avec bonté
et de ne leur faire aucun mal. Mais on ne put réprimer l'insatiable cupidité de quelques soldats
qui, malgré l'accueil favorable fait au duc, se li-
vrèrent à leurs brigandages accoutumés et se gor-
gèrent de butin.

L'armée se présenta ensuite devant le château.
Le chevalier de Bois-Bourdon (1), qui en avait la
garde, avait prêté serment au duc de Berry de ne
rendre la forteresse à personne, quelque grand que
fût le pouvoir ou le rang de celui qui se présente-
rait, le roi lui-même et son fils aîné n'étaient point
exceptés. Aussi, loin d'obéir aux sommations des
Bourguignons, Bois-Bourdon ne négligea rien pour
se maintenir dans le château. Le duc de Guyenne,
irrité de la désobéissance de ce capitaine, ordonna
à ses soldats d'assiéger la forteresse. Les ennemis
soutinrent vaillamment les attaques durant plusieurs
jours ; leur vigoureuse résistance coûta la vie à plus
d'un des assiégeants. En outre, le commandant de
la place ayant ordonné des sorties, le sire de Roucy
ou de Ront, chevalier picard, et d'autres seigneurs
furent faits prisonniers. En les incarcérant, Bois-
Bourdon leur jura à diverses reprises « que, s'il se
voyait sur le point de succomber, il les ferait mou-
rir avant lui. »

(1) *De Bois-Bourdon* est appelé *Louis Bourdon* dans la
Chronique du religieux de Saint-Denis, et de *Bos-redon*
dans de *Barante*. D'autres monuments historiques et la
Biographie universelle Michaud écrivent de *Bois-bourdon*.

Le *château d'Étampes* était d'une construction ancienne, mais solide, assis sur le roc, entouré de bonnes murailles et de grosses tours ; en un mot, cette forteresse était considérée comme imprenable. Mais c'était à ce siège que le duc de Guyenne faisait ses premières armes, et de son succès, suivant les idées du temps, dépendait l'avenir du jeune prince. Aussi, de nouvelles armes, de grandes machines de guerre arrivèrent de Paris, et l'attaque devint plus violente : des pierres énormes étaient continuellement lancées contre les murs du château. Enfin on en mina une entrée ; les assiégeants pénétrèrent par la brèche et mirent le feu aux maisons voisines de l'enceinte.

Alors, Bois-Bourdon, forcé d'abandonner le château, se réfugia dans le donjon. Les assiégés se virent dans une position plus sûre, parce que cette tour était si haute et si solide qu'elle pouvait braver tous les efforts des assaillants.

Bois-Bourdon, amplement fourni d'armes, de munitions et de vivres, était plus résolu que jamais à se bien défendre. Il repoussa avec dédain toutes les propositions des assaillants. La garnison se comporta bravement et leur fit essuyer bien des pertes. Les dames et les demoiselles qui s'étaient réfugiées dans le donjon se montraient de temps en temps sur le rempart, pour railler les Bourguignons ; elles tendaient leurs voiles et leurs tabliers, comme pour recevoir les pierres que lançaient les machines, mais qui ne pouvaient les atteindre.

3

Le duc de Guyenne et les seigneurs voyant leurs attaques si vivement repoussées, leur armée affaiblie, désespéraient du succès de l'entreprise. On parla donc d'abandonner le siège. Un conseil ayant été tenu pour en délibérer, un bourgeois de Paris, nommé André Roussel (1), assisté de plusieurs hommes d'expérience, combattit tout projet de retraite : il déclara qu'il ne voulait point que le fils du roi de France reçût un tel affront à son premier fait d'armes, promettant de s'emparer par ruse de cette tour, pourvu qu'on le récompensât bien, lui et ceux qui l'assisteraient, et qu'on lui fournît les matériaux nécessaires.

Son offre fut acceptée : il construisit alors un réduit avec de longues poutres de chêne appuyées contre le donjon ; puis sous ce plan incliné il fit placer trente hommes, qui, armés de pics et de hoyaux, travaillèrent sans relâche à démolir la muraille.

Ces poutres provenaient, dit-on, de belles garennes qui couvraient une partie de la plaine des *Sablons* (aujourd'hui faubourg Évezard), et qui s'étendaient sur les collines près de la ville et du château (2), pour se relier avec les forêts de Torfou et de Dourdan. Ces bois, restes des immenses forêts qui couvraient la Gaule, sont figurés sur de vieilles gravures représentant la ville.

Les poutres de chêne résistaient aux pierres que

(1) De Barante écrit *Pierre Roussel.*

(2) Fleureau, p. 145 — André Du Chesne, *Antiquités des villes de France.*

lançaient les assiégés, quelque énormes qu'elles fussent. Aussi, après bien des efforts et malgré la grêle continuelle de projectiles de toute sorte, on acheva en cinq jours l'ouvrage pour lequel Roussel en avait demandé quinze. Le spectacle qu'offrait alors le siège de la forteresse devait être à peu près celui-ci :

A côté du *bélier* (1) antique et du *trébuchet* (2) qui viennent faire une brèche au mur d'enceinte quadrangulaire entourant complètement le donjon, on voit le *beffroi* (3) et le *chat* (4), encore recouverts de peaux d'animaux fraîchement dépouillés.

Couverts également de peaux fraîches et placés sous un solide abri, les hommes de Roussel accomplissent facilement leur besogne, et bravent impunément le soufre en fusion et l'huile bouillante qui pleuvent du haut des mâchicoulis en bois.

(1) Le *bélier* était une énorme poutre horizontale, munie à l'une de ses extrémités d'une masse de fer, et suspendue à l'aide de deux fortes chaînes verticales. En imprimant à cette poutre un mouvement de va-et-vient, on pouvait frapper contre la muraille des coups épouvantables, auxquels elle résistait difficilement.

(2) Le *trébuchet*, analogue à la *catapulte* et à la *baliste* des anciens, servait à lancer des projectiles.

(3) Le *beffroi* consistait en une tour roulante, très élevée, usitée surtout dans les assauts. Cette dernière machine avait plusieurs étages, et elle était munie d'un *bélier* à sa partie inférieure.

(4) Le *chat* était une sorte de hangar mobile, muni d'un toit incombustible, renfermant des soldats chargés de combler le fossé, pour faciliter l'approche du *beffroi*.

Siège et reddition du château d'Étampes en 1411

Non loin des débris encore fumants des bâtiments incendiés, les archers, protégés par des *mantelets* (1), lancent de flèches contre les assiégés qui se montrent de temps en temps aux créneaux.

La muraille percée, les assiégés bouchèrent l'orifice avec des pièces de bois, mais l'intrépide assaillant y mit le feu. Alors Bois-Bourdon fut sommé de se rendre, et menacé à chaque instant d'être étouffé par la fumée.

> Se tantost ne rendés le fort,
> Tout y mourrés, et faible et fort.
> . . . .
> Mais quant cil du fort toit sentirent
> Que durer ne poeent longtams,
> Du rendre fut consentans (2).

On s'attendait néanmoins à une longue résistance lorsque, le 15 décembre 1411, la garnison mit bas les armes, et son commandant descendit du donjon. Revêtu d'une robe magnifique de velours cramoisi, brodée d'or et de pierreries, qui lui avait été donnée par le duc de Berry, et dont la richesse surpassait celle de vêtements royaux, il vint se jeter aux pieds du duc de Guyenne, embrassa ses genoux et lui demanda la vie. Le prince touché de sa valeur, voulut bien lui faire grâce.

Les dames et les demoiselles qui s'étaient enfer-

(1) Le *mantelet* était un abri vertical, formé d'épais madriers, qui servait à garantir les assaillants, et notamment les archers.

(2) Extrait du poème intitulé : *La Pastoralet*. (*Abeille du 12 décembre 1874.*)

mées dans le donjon furent renvoyées dans leurs
familles ; mais les gens de la garnison furent
obligés de se rendre sans condition. Trente des
principaux furent conduits à Paris, où on les fit
promener dans les rues, les mains liées derrière
le dos, comme pour donner aux Parisiens un gage
certain de la victoire.

On voit aujourd'hui sur la tour en ruines, du
côté de la ville, les traces bien frappantes des coups
portés par les trente hommes de Roussel.

L'histoire ne dit pas ce que devinrent le sire de
Roncy et ses compagnons ; mais il est probable que
Bois-Bourdon ne leur fit aucun mal.

Après cette expédition, les Bourguignons allèrent
mettre le siège devant la ville de Dourdan et s'en
rendirent maîtres.

Bois-Bourdon fait prisonnier et envoyé en Flandre, obtint bientôt sa liberté. On le voit à Paris, en
1413, chargé de défendre la porte Saint-Martin
contre Jean-sans-Peur.

En 1417, l'ancien commandant du château
d'Étampes était le grand maître d'hôtel de la reine
Isabelle de Bavière, qui menait au château de
Vincennes une vie molle et voluptueuse, au milieu
d'une cour galante et choisie. On soupçonnait
l'amour de la reine pour Bois-Bourdon. Le roi, ins-
truit des intrigues amoureuses du chevalier par un
rapport du comte d'Armagnac l'excitant à la ven-
geance, vole à Vincennes pour surprendre l'épouse
infidèle et arrêter l'amant : il rencontre sur son che-

min Bois-Bourdon qui passe sans s'arrêter, sans
mettre pied à terre, se bornant à le saluer. Piqué
de cette conduite, Charles VI le fit saisir par le
prévôt de Paris. Après quelques interrogatoires,
Bois-Bourdon fut conduit à la prison du Grand-
Châtelet, chargé de fers, appliqué à la torture et
jeté dans la Seine à minuit, enveloppé dans un sac
de cuir avec cette inscription si célèbre : « Laissez
« passer la justice du roi. » (1)

Voici maintenant une relation de la reddition,
racontée par Jean Lefèvre, seigneur de Saint-
Remy, chancelier de Philippe duc de Bourgogne (2).

« Or, tost après la besogne de Saint-Cloud, et en
ce mesme mois, les ducs de Bourgogne et de
Guyenne allèrent assiéger la ville d'Estampes, laquelle estoit au duc de Berry; et en estoit capitaine un gentil chevalier, nommé messire Loys
Bourbon. La ville ne tint point longuement; mais
firent ouverture. Dedans laquelle logèrent les ducs
de Bourgogne et de Guyenne. La forteresse fut
assiégée, laquelle avoit trois tours. La place fut
fort battue et minée; et furent, par force, la basse-
cour et le chasteau pris, et le donjon de la grosse
tour minée et mise sur estanches, par ceste sorte

(1) *Chronique du religieux de Saint-Denis*, chap. XXXVII.
— Le Laboureur, *Histoire de Charles VI*, t. II.
(2) *Mém. de Jean Lefèvre, dit Toison-d'Or*, seigneur de
Saint-Remy. — Dans le *Panthéon littéraire* de J.-A. Bu-
chon, t. XV, p. 332. Nous donnons cette relation littéralement, parce qu'elle est peu connue.

que qui eust vollu, on l'eust fait trébucher par
terre. Mais dedans icelle tour avoit, avec le capitaine, un gentil chevalier du pays de Picardie,
nommé le seigneur de Raon, prisonnier dedans ladite tour, lequel fit tant que le capitaine eut son
traité tel que, en rendant ladite tour, il auroit la
vie sauve; mais seroit prisonnier au plaisir des
ducs de Guienne et de Bourgogne.

« Après la reddition du castel et ville d'Estampes,
lesdits ducs retournèrent à Paris, où ils furent, à
grand'joie, reçus du roi et des autres, et là fut
messire Loys Bourbon amené prisonnier, et depuis
fut délivré et eut à la cour du roi gouvernement;
lequel gouvernement fut à sa maladventure, car il
fut accusé d'aucuns cas deshonnestes; par quoi il
fut pris et rué par nuit en la rivière de Seine, où
il finira ses jours. »

Le 22 janvier 1412, le roi nomma le chevalier
Guillaume d'Arbouville capitaine des ville et château d'Étampes (1). Ensuite on voit Jean des Mazis
dit Campagnes, gouverneur pour le roi des villes
et châteaux d'Étampes et de Dourdan.

D'après un titre du 19 décembre 1432, « la fondation d'une messe, tous les lundis de chaque se-
maine, dans l'abbaye de Morigny a été faite par
Jean des Mazis, panetier du duc de Bourgogne,
bailli et capitaine du château d'Étampes (2)... »

(1) Fleureau. p. 176.
(2) *Id.*, p. 42, 515.

Les armes de ce châtelain étaient :

« De gueules à une face d'or chargée de trois
molettes de sable. Supports deux pucelles vestues
à l'antique, de couleur du blason cimier, une pu-
celle naissante de même, tenant en main l'écu
plein des armes (1). »

L'an 1513, la reine Anne de Bretagne, devenue
comtesse d'Étampes, fut reçue dans le château avec
beaucoup d'honneurs. « Les habitants d'Étampes,
dit Fleureau, ayant été avertis que leur nouvelle
comtesse viendroit en leur ville avec le roy, ils
donnèrent premièrement ordre que l'on apportât
incessamment, de la campagne dans la ville, des
vivres, afin que la cour pût être abondamment
pourvue des choses nécessaires. La cour étoit par-
tagée, pour la commodité de ceux qui la suivoient.
Le roy arriva le premier, et d'abord qu'il eut reçu
les obéissances et les complimens ordinaires des
habitans, il commanda aux eschevins d'envoier
sçavoir de la reine si elle vouloit faire son entrée
publique. Les échevins dépêchèrent un exprès vers
Sa Majesté qui étoit à Angerville, pour sçavoir sa
volonté, qui fut de la différer à un autre temps.
On ne laissa pas de luy rendre tout l'honneur pos-
sible à son arrivée et pendant son séjour. Et elle
trouva la ville et le païsage d'alentour si agréable,
et l'air du château où elle logea si bon, qu'elle y
séjourna un temps assez considérable, au grand

(1) Fleureau, p. 42.

contentement des habitans, qui firent cependant tout ce qu'ils purent pour captiver la bienveillance des premiers de la cour à l'avantage de leur ville (1). » On avait fait des avenues « pour aller et venir, monter et descendre à cheval de la ville au château (2). »

En 1514, Roger de Béarn était bailly et capitaine du château d'Étampes, car il figure dans le nombre des notables assemblés dans le palais de justice à l'effet d'entendre la publication des lettres patentes du roi autorisant les habitants à avoir une maison commune de ville, un maire et quatre échevins (3).

En 1516, la reine Claude de France, comtesse d'Étampes, séjourna aussi dans le château. « Elle fut reçue à Étampes, le 28 janvier, par les habitants sous les armes, par le clergé, par tous les officiers de la justice et par le corps de la ville, au nom de laquelle les échevins lui présentèrent un superbe dais chargé d'écussons aux armes de S. M., et de quantité de chiffres en broderie d'or; ils le portèrent au-dessus de sa litière depuis la porte Saint-Martin, par laquelle elle entra, jusques au château, où elle voulut loger. Les rues étoient éclairées de quantité de flambeaux. Et ce qui agréa le plus à S. M., ce fut une compagnie de deux cents petits garçons qui portoient à la main cha-

_____

(1) Fleureau, p. 210.
(2) Voir notre ouvrage les *Rues d'Étampes* 1881, in-8°, p. 411.
(3) Fleureau, p. 215

cun une banderolle de taffetas, chargée de ses armes (1). »

Le 13 novembre 1562, durant les guerres de religion, le château d'Étampes ne se rendit pas, comme la ville, à l'armée des protestants, « et leur donna quelque empeschement, pour ce que maintenant ils mènent peu d'artillerie avec eulx (2). »

La tranquillité ne fut pas de longue durée, car, en 1567, une seconde guerre de religion recommençait par suite d'une tentative infructueuse du prince de Condé pour s'emparer de la personne du roi à Monceaux en Brie.

Les habitants prirent leurs précautions, « et, dit Fleureau, ordonnèrent dans leur ville huit corps-de-garde de bourgeois, et un au château. Le roy envoya Claude de la Motte, seigneur de Bonnelles, pour y commander en qualité de gouverneur de la ville et du château. Il y arriva le quatrième jour d'octobre, et dès le lendemain de son arrivée, pour connaitre les forces de la ville, il fit mettre tous les habitants sous les armes... Cependant, les troupes du comte de Montgommery s'en approchèrent..... La ville fut sommée de se rendre le vendredi dix-septième jour d'octobre, et sur le refus, le régiment de Normandie que conduisoit Saint-Jean, frère de Montgommery, la prit par escalade, ensuite le château se rendit. Ils laissèrent dedans une

(1) Fleureau, p. 217.
(2) *Mémoires de Condé.*

compagnie d'arquebusiers pour tenir en sujection
tout le voisinage...

« Les premiers soins du roy, après avoir rem-
porté la victoire sur les religionnaires, le neuvième
jour de novembre, dans la plaine de Saint-Denis,
furent de recouvrer les places des environs de
Paris dont les ennemis s'étoient emparés. M. le
duc d'Anjou, son frère, qu'il avoit créé son lieute-
nant-général tant en son royaume qu'en ses
armées, envoya aussitôt à Estampes le sieur de
Mailly, chevalier des ordres de Sa Majesté, avec sa
compagnie de cavalerie...

« A l'arrivée de ces troupes roïales, qui fut le
seizième jour de novembre, les religionnaires qui
étoient au château l'abandonnèrent, pour aller re-
joindre le gros de leur armée... Huit jours après, le
capitaine Saint-Martin vint tenir garnison au château d'Estampes pour le conserver au roy, et empêcher qu'il ne fût pris..... La paix fut enfin
arrêtée à Longjumeau, le vingt-troisième jour de
mars 1568, entre le roy et le prince de Condé, par
l'entremise des ambassadeurs d'Angleterre et de
France (1). »

LE CHATEAU D'ÉTAMPES DÉMANTELÉ PAR HENRI IV
(1585-1590).

Vers le mois de mars 1585, époque où la guerre
civile prit un nouvel accroissement par suite de la

_____

(1) Fleureau, p. 240.

formation de la Ligue, les habitants d'Étampes, restés fidèles au roi Henry III, furent avertis qu'un danger pressant les menaçait. Ils se préparèrent à une nouvelle attaque. Le château était gardé nuit et jour par de braves habitants choisis par les éche- vins, et qui se relevaient à divers intervalles, sous le commandement du sieur de Blaville, qui en était capitaine. Dans le courant de la même année, le brave gentilhomme La Mothe-Bonnelles com- mandait de nouveau la place, et était chargé de choisir lui-même les soixante hommes qui devaient veiller tour à tour à la garde du château. Le maire et les échevins furent alors privés de ce droit spé- cial que le roi leur avait accordé; mais toutes ces précautions furent heureusement inutiles pendant quelques années (1).

Après le meurtre du duc de Guise, lors des États de Blois, la Ligue, alors ennemie du roi qui avait beaucoup de partisans à Étampes, y établit une garnison au commencement de l'année 1589, avec François d'Isy, seigneur de la Montagne, pour gouverneur.

Cependant Henri III dont l'armée, jointe à celle du roi de Navarre, était forte de quarante mille hommes, menaçait Étampes en allant assiéger Paris dans les premiers jours de juin.

Le duc du Maine y envoya deux cents chevaux sous la conduite du seigneur de Pussay, qui rem-

(1) Fleureau, p. 248.

plaça, le 7 juin 1589, François d'Isy dans le gouvernement de cette ville.

Néanmoins, le 23 juin 1589, la place fut emportée d'assaut par les armées réunies des deux rois, et le château se rendit ensuite.

Si l'on en croit dom Fleureau, « le sieur de Saint-Germain, Capitaine du Château, qui avoit eu l'honneur d'être page de Sa Majesté, eût esté pendu, quoiqu'il fût gentilhomme, si M. d'Espernon, qui étoit son amy, ne luy eût obtenu la vie de la clémence du roy, lequel abandonna à ses soldats la ville au pillage pendant trois jours, excepté les églises et les maisons religieuses (1). »

D'après Palma Cayet, le roi ne fut pas si clément : « Le baron de Sainct-Germain, dit-il, qui avoit esté nourry page du roy (Henri III), dévalé du chasteau avec une corde, pensoit se sauver par le moyen de quelques amis qu'il avoit en l'armée royale; mais amené à Sa Majesté, il eut la teste tranchée. Bergeronneau, procureur du roy audit bailliage d'Estampes, fut aussi pendu avec quelques autres. Il avoit usé d'une finesse pour se sauver, et s'estoit fait mettre en la prison dans une basse fosse, les fers aux pieds, où il fut trouvé. Amené au roy, il dit que les mutins l'avoient mis en tel estat pour avoir voulu soutenir le service de Sa Majesté. Plusieurs habitants prisonniers et les gentils-hommes du pays ayant asseuré le roy du con-

(1) Fleureau, p. 256.

traire, et qu'il estoit la cause de la perte du pays,
S. M., qui avait ouï parler de ses comportemens,
commanda qu'on en fist justice (1). »

Le 5 juillet 1589, le roi envoya à Étampes pour
gouverneur de la ville et du château le seigneur
Paul-Touzin, et trois compagnies pour y tenir garnison.

La ville d'Étampes, à cause de sa situation et de
ses approvisionnements de vivres, fut constamment prise et reprise par les deux partis. Ainsi le
duc du Maine, qui s'en était emparé en juin 1589,
la reprit de nouveau avec le château, deux mois
après. Le capitaine Rigault remplaçait alors Paul
Touzin dans le commandement de la place ; il se
retira, avec ce qu'il avait de troupes, à Corbeil, où
il fut tué l'année suivante, lorsque le duc de Parme
emporta cette ville d'assaut.

Quelques jours avant la prise des faubourgs de
Paris par Henri IV, qui eut lieu le 1er novembre
1589, le capitaine de Rosne, gouverneur de Paris,
« sortit de cette ville avec une couleuvrine et
quelque quantité de gens de guerre, et sçachant
que dans Estampes il y avait peu de gens pour le
roy, il s'y achemina, estant à ce induit par quelques-uns des habitans, et prit ceste ville sans
résistance. Tous ceux de la justice qui tenoient le
party du roy furent lors en grande peine : il y fit
pendre le prévost, réputé par ses ennemis mesmes

(1) Cayet. *Chronologie novénaire.*

homme de bien et bon justicier. Le bailly et plusieurs autres rachetèrent leur vie par rançons qu'ils payèrent (1). »

Le capitaine de Rosne partit bientôt pour Paris et laissa son canon à Étampes. Le duc du Maine y envoya ensuite Alexandre de Castelnau, comte de Clermont de Lodève, avec cinquante ou soixante gentilshommes et quelques soldats.

Le 5 novembre 1589, Henri IV, qui était à Linas, accourut avec son armée au secours de la ville d'Étampes qu'il avait fait investir dès le matin.

Il s'empara facilement des faubourgs, ensuite de la ville, sans beaucoup de résistance, prit la couleuvrine que de Rosne y avait laissée.

Clermont de Lodève se retira dans le château avec ses gens ; mais, le 7 novembre, le roi fit investir le château dont la garnison attendait des secours. Ne les voyant point arriver, le comte de Clermont se rendit sous la condition que huit des principaux officiers de la garnison resteraient prisonniers jusqu'à la délivrance de huit officiers royalistes détenus par les ligueurs. « Sa Majesté, depuis ladite capitulation, ayant fait ceste grâce audit sieur de Clermont Lodève, à deux maistres de camp, et cinq autres qui devoient demeurer prisonniers, de les renvoyer sur leur foy. Ainsi sor-

---

(1) Cayet, *Chronologie novénaire.* — Contrairement à cette assertion, un manuscrit de l'époque prétend que le bailli aurait été tué. (Voir *Rues d'Étampes*, p. 416.)

tirent dudit chasteau environ quarante gentils-hommes et plus de deux cents soldats (1). »

« L'expérience du passé avoit fait connoître à ceux d'Estampes que le château de leur ville estoit la cause de sa perte et de leur ruine : ils demandèrent au roy la permission de le démolir, qu'il leur accorda, et ils l'exécutèrent aussitôt eux-mêmes. D'ailleurs, Sa Majesté, considérant que cette misérable ville avoit été prise trois fois en quatre mois, jugeant qu'il estoit difficile de la conserver, fit ruiner ce qu'il y avoit de fortifications et permit aux habitans de demeurer neutres, en donnant retraite indifféremment à l'un et à l'autre party (2). »

En mémoire de cet événement, la chaussée qui longeait les remparts, du côté du château, prit plus tard le nom de *boulevard Henri-IV*. Cette dénomination a survécu.

La clémence du roi fut incomparable lors de la prise d'Étampes, car il pardonna à tout le monde et ne laissa point de garnison dans la ville : c'était le prélude d'un règne qui a laissé dans la mémoire du peuple les plus touchants souvenirs (3).

C'est à 1589 que remonte la ruine du château féodal. La grosse tour qui subsiste encore ne dut qu'à sa solidité d'être conservée en partie.

(1) Cayet, *Chronologie novénaire*.
(2) Fleureau, p. 259.
(3) Legrain, *Décade de Henri IV*, 1614, in-fol., p. 202.

Néanmoins, il faut croire que le vieux château ne fut pas complètement privé de moyens de défense, car, tout démantelé qu'il était, nous allons le voir sous la Fronde servir utilement aux assiégés de 1652.

LE CHATEAU D'ÉTAMPES SOUS LA FRONDE
(1652).

En avril 1652, durant la minorité de Louis XIV, Jacques de Saulx, comte de Tavannes, avec l'armée des princes, venait camper à Étampes, d'après les ordres de Condé, qui voulait s'assurer des vivres pour ses troupes.

Comme un siècle auparavant, ce fut l'abondance du blé, du fourrage et des vivres qui attira sur ce point les armées.

Le 23 avril, l'armée des princes entra dans la ville par la rue du Faubourg-Saint-Pierre et se répandit ensuite dans tous les faubourgs où elle séjourna. Les soldats venaient chaque jour dans la ville et y faisaient tant de désordres, que les habitants furent contraints d'abandonner leurs maisons.

Le maréchal de Turenne, qui venait de remporter la fameuse victoire de Blénau, était à Chartres et suivait de loin les manœuvres de l'ennemi. Le 4 mai, il fondit à l'improviste sur l'armée des princes, qui était rangée en bataille « sur la plaine qui est

aux environs du lieu appelé Guinette (1), » d'après
le désir exprimé par la duchesse de Montpensier,
fortement attachée au parti de la Fronde.

« L'armée des princes rentra dans la ville avec
tant de diligence, qu'avant que Turenne et d'Hoc-
quincourt eussent gagné la hauteur au-dessus de
la ville, les ennemis étaient en sûreté. Cette retraite
précipitée fit prendre une nouvelle résolution d'attaquer les faubourgs : on envoya à l'infanterie
l'ordre de s'y disposer en marchant et de faire ses
détachements. Étampes, ajoute le duc d'York, est
situé dans un fond..... le côté de la ville et du
faubourg qui est sur la droite, en venant de Chartres, est commandé par une petite hauteur, dont
toute la plaine se peut découvrir du haut d'une *tour
ronde des plus élevées qui se voient;* les murailles
sont flanquées de petites tours qui ne sont point à
l'épreuve du canon (2). »

On continua donc jusqu'à la hauteur du faubourg
Saint-Martin, « où, disent les mémoires de Turenne,
on vit beaucoup d'infanterie et quelques escadrons ;
on aperçut en même temps sur une hauteur, derrière le faubourg, beaucoup de cavalerie en bataille ;
mais comme il y a deux ou trois fauxbourgs, une
ville assez grande, un pays coupé de deux ruisseaux
et beaucoup de hauteurs, on pouvait mal aisément
discerner la position de l'ennemi.

(1) Fleureau, p. 271.
(2) *Mémoires du duc d'York.*

« Turenne attaqua d'abord le Haut-Pavé, et l'emporta sans beaucoup de résistance ; son armée était même entrée dans la ville quand il l'arrêta dans sa précipitation, qui aurait pu la perdre (1). »

Le centre de l'action, qui était sur la place Saint-Gilles, fut transporté sur la place de l'*Ecce-Homo*, où l'on se battit avec acharnement (2).

Il y avait à Étampes 3,000 à 4,000 hommes de pied et 3,000 chevaux. L'armée du roi était aussi nombreuse.

Dans ce combat, les princes eurent 700 hommes tués et 2,000 faits prisonniers (3).

Le lendemain 5 mai, l'armée royale retourna à Chartres et marcha ensuite jusqu'à Palaiseau.

Les ennemis, qui s'attendaient à de nouveaux combats, s'appliquèrent à fortifier la ville. Des palissades furent élevées devant les fossés ; la plupart des portes de la ville furent couvertes d'une demi-lune. « Tous les édifices tant dedans que dehors la ville, proche des murailles, furent rasez (4). »

Le 27 mai, Turenne revint à Étampes, logea une partie de ses troupes dans les ruines des faubourgs, et établit une ligne de contrevallation à la portée du mousquet de la place, « depuis les Capucins

(1) *Mémoires du duc d'York.*
(2) *Annales de l'ordre de la Congrégation.*
(3) *Mazarinade. Lettre du Roy envoyée à Mgr le Mareschal de l'Hospital.* 1652. in-4°.
(4) *Fleureau,* p. 275.

jusqu'à la place de l'*Ecce-Homo*, ceignant ainsi toute la ville, par le haut, d'une tranchée (1). »

« On travailla à élever des batteries les unes sur les autres, et d'autres dans le fond, contre la porte d'Orléans qu'on battit, et en même temps à la muraille, entre cette porte et la *grande tour* (2). »

« La première escarmouche se fit sur la colline de Mâchefer où ceux d'Étampes tenoient ordinairement un corps-de-garde avancé de cavalerie..... On escarmoucha aussi vers le lieu de Guinette, où le vicomte de Turenne, après s'en être rendu maître, fit mettre du canon avec lequel on battit quelque temps la vieille *tour du château*, mais inutilement, à cause de la solidité de sa muraille. Les assiégés eurent toujours sur cette *tour* un homme qui découvroit ce qui se passoit au camp du roy, dont il donnoit incessamment avis (3). »

Du lundi 27 mai au vendredi 7 juin, il y eut des combats très sanglants aux portes de Paris et du Château, et surtout à la porte Dorée et à celle de Saint-Martin.

Le 5 juin, il fut tiré, contre la porte Saint-Martin seulement, plus de deux cents coups de canon.

Les assiégés avaient huit pièces, « six desquelles sont plantées sur le cavalier basty dans le chasteau

---

(1) Fleureau. p. 275.
(2) *Mémoires du duc d'York.*
(3) Fleureau, p. 275.

(sur la plate-forme du château), et les deux autres sur la porte d'Orléans. »

Dans les derniers combats, il y avait 8,000 hommes enfermés dans la ville, et autant d'assiégeants (1).

Moins heureux que dans le premier siège d'Étampes, Turenne perdit beaucoup de monde dans ces derniers combats. D'après des pièces du temps, il aurait perdu 3,000 à 4,000 hommes, tant aux combats que par maladies, « et les avenues de la ville étaient pleines des fosses des morts (2). »

L'armée des princes ne perdit que quelques centaines d'hommes.

En apprenant que le duc de Lorraine marchait sur Paris, Turenne leva le siège d'Étampes, pour ne pas s'exposer entre deux armées ennemies.

Le 7 juin, il commença à marcher vers Étréchy, où Tavannes poursuivit son arrière-garde « l'espée aux reins. »

Le siège de 1652 est le dernier qu'eut à subir le fameux château royal, dont les fortifications avaient été rasées par Henri IV, mais le donjon était encore en bon état à la fin du XVIIe siècle, quand les *Antiquités* de dom Fleureau étaient publiées, puisque, dit cet historien, « du château d'Étampes il ne reste

---

(1) *Mazarinade. Journal de ce qui s'est passé au siège d'Estampes*, 1652, in-4°.

(2) *Mazarinade. Lettre envoyée à Mgr le duc de Beaufort*, 1652, in-4°.

plus aujourd'hui que la vieille tour où les vassaux
du duché d'Étampes vont rendre leurs hommages (1). »

C'est encore dans cette tour qu'on venait prêter
serment au suzerain d'Étampes jusqu'à la révolution de 1793. Nous voyons, en effet, dans un acte
d'échange conclu entre les religieuses de Saint-Cyr
et Jean Delpech, marquis de Méréville et conseiller
au parlement, acte confirmé par une charte de
Louis XV, que différents « droits de justice, domaines et autres..... sont incorporés à la terre et marquisat à Méréville, pour avec ledit marquisat ne
composer qu'un seul et unique fief mouvant et
relevant de nous à cause de notre *château ou grosse
tour d'Étampes.* (2) »

L'ABBÉ DESFORGES SUR LA TOUR DE GUINETTE AVEC SON
CHAR VOLANT. — DERNIERS ÉPISODES. — NOMS DES
DERNIERS POSSESSEURS DU CHATEAU. — HISTOIRE MO-
DERNE. (1772-1885.)

L'examen attentif des ruines, autant que la tradition, nous apprend que cette tour servait autrefois de colombier. Ce fut le marquis du Petit-
Saint-Mars, sous le règne de Louis XV, qui donna
au donjon cette nouvelle destination.

(1) Fleureau, p. 25.
(2) Menault, *Histoire d'Angerville-la-Gâte,* p. 318.

En 1772 eut lieu sur la tour de Guinette une expérience de vol aérien, assez curieuse pour qu'il en soit donné ici quelques détails.

L'abbé Desforges, chanoine de la collégiale Sainte-Croix d'Étampes, annonçait, en juillet 1772, qu'il avait un moyen de faire voler les hommes dans un char en l'air. Par l'organe du journal le *Mercure de France,* il prie ceux qui lui écrivent d'affranchir leurs lettres et de les adresser au sieur Lanceleux, marchand épicier, près l'Hôtel-Dieu, à Étampes.

Il disait donc qu'il était prêt à faire l'expérience publique d'une voiture volante de son invention ; mais, auparavant, comme il désirait en tirer profit, il demandait qu'on lui assurât une somme de cent mille livres, dont il exigeait le dépôt préalable chez un notaire.

Cette condition fut difficile à réaliser : on n'avait qu'une confiance limitée dans le chanoine ; mais celui-ci se remua si bien, fit sonner si haut le mérite de son invention, qu'il obtint de plusieurs habitants de Lyon ce qu'il demandait. La somme exigée fut déposée chez un notaire de cette dernière ville, qui dressa un acte d'après lequel la somme consignée devait être remise au chanoine, si l'expérience réussissait.

D'après un autre récit, la somme demandée par le chanoine ne devait lui être délivrée qu'autant qu'il serait venu la chercher, à Lyon, par la route qu'il avait indiquée ; « mais, dit l'auteur, le mécanicien tonsuré, craignant le sort d'Icare ou de ce

fou de Baqueville, qui faisoit pendre un de ses
chevaux pour donner l'exemple aux autres, est
resté chez lui. (1) »

La machine volante était faite par l'abbé Desforges lui-même. En voici la description :

« Elle avait la forme d'une nacelle ou gondole ;
elle était longue de sept pieds et large de trois et
demi, sans compter les accessoires volatifs ; elle était
couverte pour mettre à l'abri de la pluie. Sa construction n'était qu'un assemblage, sans qu'il y en-
trât aucuns clous. Elle avait quatre charnières, appa-
ramment celles qui servaient au mouvement des
ailes ; ces quatre charnières étaient les plus sujettes
du char volant. Elles devaient se renouveler toutes
les fois que le char aurait fait trente-six mille lieues.
(Il ne dit pas comment et de quoi étaient compo-
sées les ailes de sa voiture volante.) Elle ne pesait
que quarante-huit livres, mais le conducteur pesait
cent cinquante livres, M. Desforges lui permettant
d'avoir une valise pesant, toute remplie, quinze
livres ; c'était en réalité deux cent treize livres que
la voiture devait porter. Elle était faite de manière
que ni les grands vents, ni les orages, ni la pluie
ne pouvaient la briser, ni la culbuter. Elle pouvait,
en cas de besoin, servir de bateau. Quant au conducteur, pour ne pas être incommodé par la trop
grande affluence de l'air, M. Desforges lui appli-

_____

(1) *Voyages d'un Français, de 1773 à 1807.* 4 vol. in-8°,
t. 1, p. 275. Cet ouvrage anonyme est de Fr. Marlin.

quait sur l'estomac une grande feuille de carton, il lui donnait aussi un bonnet de même matière pour lui couvrir la tête. Ce bonnet était pointu comme la tête d'un oiseau, et était garni de verres, vis-à-vis des yeux, pour pouvoir diriger sa route.

« On devait, avec cette machine, faire trente-six mille lieues en quatre mois, en ne faisant que trois cents lieues par jour et trente lieues par heure, ce qui n'aurait donné que dix heures de travail par jour. (1) »

« Au jour indiqué, rapporte M. Louis Figuier, dans les *Merveilles de la science*, un grand nombre de curieux répondirent à l'appel. Le chanoine était installé avec sa machine sur le haut de la tour de Guinette.

« Le chanoine entra dans sa voiture et, le moment du départ étant venu, il déploya ses ailes qui furent mises en mouvement avec une grande vitesse, mais il ne put réussir à prendre son vol. »

L'abbé Desforges en fut-il quitte à aussi bon compte ? Ce n'est pas présumable, quoique M. Figuier n'en dise rien. Nous trouvons ce qui suit dans les *Mémoires de Bachaumont*, sous la date du 5 octobre 1772 :

« On dit que M. Desforges, ce chanoine d'Étampes qui a la folie de vouloir monter dans les airs en cabriolet, ayant tenté de faire une petite répétition

_____

(1) *Essai sur l'art du vol aérien*. Paris, 1781, in-12.

de son projet dans son jardin, est tombé sur le champ et s'est dangereusement blessé. (1) »

Ces quelques lignes nous apprennent peu de choses, mais elles nous donnent une date approximative de l'ascension du chanoine; en effet, Bachaumont avait l'habitude de raconter les faits aussitôt qu'ils venaient de se passer; il s'ensuivrait que le fait a eu lieu dans les premiers jours de juillet de l'année 1772.

D'un autre côté, nous lisons dans la *Correspondance littéraire* du baron Grimm, juillet 1772 :

« CHANOINE D'ÉTAMPES, VOLANT A TIRE-D'AILE. — Immédiatement après l'hydroscope provençal et son évangéliste Marin, marchera dans la légende dorée de 1772 M. l'abbé Desforges, chanoine d'Étampes, avec son char-volant. Si la promesse magnifique de faire trente lieues par heure n'a pu se faire écouter au milieu du tourbillon de Paris, je vois qu'en revanche elle a fait une forte sensation dans les pays étrangers, et qu'on s'attend, en plusieurs endroits, de voir arriver le chanoine Desforges dans sa gondole aérienne. Mais son premier essai n'a pas été heureux. Il s'est fait porter par quatre paysans sur une hauteur, près d'Étampes, et dès qu'il leur a dit de lâcher la gondole, il est tombé à terre; mais il en a été quitte pour une légère contusion au coude. On ne brûlera jamais le chanoine d'Étampes comme sorcier. Tout ce qu'il

---

(1) Bachaumont, *Mémoires secrets*, p. 200.

sait de magie se réduit à une chose très simple : il
a fabriqué une espèce de gondole d'osier, il l'a en-
duite de plumes, il l'a surmontée d'un parasol *idem ;*
il s'y campe avec deux rames à longues plumes, et
il espère, à force de ramer, de se soutenir dans les
airs et de les traverser. Le miracle ne s'est pas encore fait, mais il peut se faire encore, et la foi du
chanoine se soutient malgré sa culbute. Au reste,
ce n'est pas la première fois que l'abbé Desforges
a fait parler de lui. Il composa, il y a douze ou
quinze ans, une brochure pour prouver l'obligation
où était tout prêtre catholique d'épouser une fille
chrétienne. Cette production édifiante n'ayant pas
persuadé la cour de Rome, lui procura un logement
à la Bastille, d'où il fut envoyé au séminaire de
Sens. Pendant ces deux pénitences, ayant eu le
loisir d'examiner à fond les amours des hirondelles,
il composa un poëme sur ce sujet. Il voulut le faire
imprimer. Ou n'y trouva point d'hérésies, mais tant
de sottises et de détails lubriques, qu'on lui défen-
dit de le publier, sous peine d'être enfermé de
nouveau et pour toujours. Depuis ce temps, il s'est
jeté dans la mécanique. Sa première idée fut de
donner des ailes à un paysan. Il l'empluma de la
tête aux pieds, le mena dans cet équipage au haut
d'un clocher, et lui ordonna de s'élancer hardiment
dans les airs. Le paysan eut le bon sens de n'en
rien faire et de lui rendre ses plumes. Alors le
chanoine eut recours à sa gondole volante, et la
proposa par souscription. Il est aisé de prévoir

qu'elle le mènera droit aux Petites-Maisons (1). »

La principale expérience de Desforges n'a pas eu lieu dans un jardin ni sur une hauteur, mais sur les murs de la tour de Guinette; cela est bien établi par les journaux de l'époque et les traditions locales.

Il est également parfaitement établi que l'expérience eut lieu en 1772. M. Louis Figuier (*Merveilles de la science*, p. 519) commet une erreur grave lorsque, après avoir raconté que la machine s'obstina à refuser tout service, il ajoute : « L'expérience n'eut pas lieu et la comédie italienne joua, à propos de cette tentative avortée, un vaudeville historique intitulé : *le Cabriolet volant*, qui fit courir tout Paris. »

Ce n'est pas l'escapade de l'abbé Desforges qui donna à Cailhava l'idée d'écrire, non pas un vaudeville, mais un drame burlesque à grand spectacle, intitulé : *Arlequin-Mahomet ou le Cabriolet-Volant;* ce serait plutôt la pièce de Cailhava, qui ne rappelle en aucune façon la tentative malheureuse de notre chanoine, qui aurait donné l'idée à celui-ci de faire une machine sérieuse avec ce qui n'était, dans *Arlequin-Mahomet*, qu'un truc de théâtre à sensation. La pièce de Cailhava fut jouée pour la première fois en 1770, et eut plus de quatre-vingts représentations.

(1) *Correspondance littéraire, de 1770 à 1772*, par le baron Grimm, t. II, 2ᵉ partie, juillet 1772.

Il est impossible de trouver dans cette pièce la moindre allusion se rapportant à l'invention de Desforges. Arlequin, plus heureux que son concurrent, effectue ses voyages sans culbute, avec son cabriolet volant, le mécanicien du théâtre aidant.

Ainsi l'on dit dans cette pièce :

Cent fois honneur au Puissant Mahomet,
A son génie, à son cabriolet.

Je le vois, ce grand Prophète,
Qui se balance dans les airs !
Il est précédé des éclairs.
Qu'avec moi chacun répète :
Cent fois honneur au Puissant Mahomet,
A son génie, à son cabriolet.

Pour faire éclater sa gloire,
Il n'a pas besoin de canon.
Armé d'un pot à macaron.
Son bras commande à la victoire.
Cent fois honneur au Puissant Mahomet,
A son génie, à son cabriolet (1).

Après son escapade, l'abbé Desforges est rentré dans l'obscurité. En 1790, il était encore en possession de son canonicat, car, le 29 décembre, il disait encore la messe dans cette église, au moment du dernier inventaire. (2)

Au moment de la Révolution, la tour de Guinette devint un bien national et fut vendue le 16 fruc-

----

(1) *Théâtre de Cailhava*, 1781, in-8°. — *Arlequin-Mahomet ou le Cabriolet-Volant*, drame philosophi-comi-tragiqu'extravagant, en 3 actes et en prose, t. II, p. 1 à 88.

(2) *Rues d'Étampes*, p. 102.

tidor an II, par l'administration départementale, moyennant 525 francs à un nommé Pailhès, architecte à Étampes. Ce marché comprenait les matériaux provenant de la démolition de la tour, avec tous les bâtiments et murs de clôture y attenant.

Le 12 fructidor an III, Pailhès fut autorisé par l'administration, à résilier, moyennant une indemnité de 150 francs, son marché d'adjudication, parce qu'il était alors question d'établir sur la tour un télégraphe aérien, ou de la faire servir aux opérations pour la levée du cadastre.

« Le 9 fructidor an IV, le département de Seine-et-Oise a vendu à Etienne Delaville, serrurier à Étampes, qui le même jour a fait sa déclaration de commande au profit de J.-B. Pailhès, à Étampes :

« 1° Une maison dépendant des ci-devant religieuses de la Congrégation.....

« 2° Un terrain dit *la Tour de Guinette*, dépendant du ci-devant domaine d'Étampes, le tout moyennant 2,273 francs, payables en mandats territoriaux. (1) »

Pailhès redevenu ainsi possesseur des ruines, vendit le terrain environnant la tour, le cinquième jour complémentaire an IV, à Pierre Boivin, cultivateur à Étampes, moyennant 600 francs, sous la réserve d'un tour d'échelle de dix pieds de largeur, autour des ruines qui ne faisaient pas partie de la vente, de sorte que les héritiers Pailhès auraient été

(1) Manuscrits de l'Hôtel-de-Ville d'Étampes et des archives départementales.

en droit d'en revendiquer la possession. Ce droit de
tour d'échelle a toujours existé depuis cette époque.

A côté de la tour était une maison composée de
deux chambres et couverte en tuiles, où logeait un
ancien militaire qui y débitait du vin.

L'architecte Paillès démolit cette maison accolée
au nord du monument et dont on voit encore quelques traces de toiture. Il en emporta les matériaux,
démolit aussi un bassin et un canal où se rendaient
les eaux de la colline et détruisit le beau jardin où
ils étaient situés, au mépris de plusieurs arrêtés des
administrateurs du district. L'un d'eux lui fait « de
nouveau défense d'enlever les pierres provenant de
la chute du mur ou tourelle à côté de la grande,
laquelle tourelle était tombée durant l'hiver de
l'an V, et obstruait la route de Dourdan. (1) »
C'était sans doute l'une des quatre tourelles qui
flanquaient les quatre angles de l'enceinte de la
grosse tour.

Le 30 frimaire an XIV, Pierre Boivin et Véronique
Pinet sa femme vendirent le terrain qui entourait
la tour à Jacques-Joachim Bruère, épicier, et à
Marie-Victoire Boivin, sa femme.

Le 16 novembre 1812, par suite d'un partage,
Guinette est échu au sieur Huteau-Boivin. (2)

Depuis cette époque, nous voyons comme pro-
priétaires de l'immeuble :

(1) Archives municipales.
(2) Archives municipales.

Le 28 octobre 1829, André-Dieudonné Guignepin, huissier;

Le 17 octobre 1830, Auguste de Grandmaison;

Le 24 décembre 1854, Madame veuve Boulé;

Le 1er mai 1855, l'abbé Petigny, curé de Notre-Dame d'Étampes.

Ce dernier y bâtit auprès de la tour une maison pour les orphelins, avec un atelier de passementerie pour les plus âgés. Il fit venir trois religieux franciscains qui étaient chargés de la culture et du jardinage et étaient logés dans le petit pavillon qu'on voit encore aujourd'hui devant la tour.

Le bois de Guinette, d'une contenance de cent trente-deux ares quatre-vingt-cinq centiares, fut vendu en dernier lieu sept mille cinq cents francs, le 1er mai 1859, par les héritiers Petigny à la Ville d'Étampes, et peu de temps après, la tour fut classée parmi les monuments historiques.

Au nombre des derniers souvenirs remarquables qui se rattachent à ces lieux, on peut citer la grande revue de la garde nationale d'Étampes, passée par Ferdinand-Philippe d'Orléans, le 7 novembre 1830, au pied des ruines de l'ancien château (1). C'était précisément à cette place où cent quatre-vingts ans auparavant, le comte de Tavannes passait la revue solennelle de ses troupes pour faire plaisir à Made-

(1) Ainsi que nous l'avons déjà dit, Louis-Philippe-Joseph d'Orléans, qui était grand-père de celui-ci, fut le dernier duc d'Étampes à l'extinction de la seigneurie, en 1792.

moiselle de Montpensier. On conserve à l'Hôtel-de-Ville un portrait du prince qui a été fait lors de son passage à Étampes.

Ce n'est que peu à peu que l'on a démoli les restes de la forteresse et déblayé le sol de la colline de Guinette. Pendant de longues années, les vendeurs de pierres firent du château d'Étampes une immense carrière. Sur une gravure datant de 1828, insérée dans les *Environs de Paris*, par Dulaure, on voit les démolisseurs effectuer tranquillement leur besogne, au pied des ruines et sur le bord de l'ancienne route de Dourdan.

Vers 1735, on abattit, dit-on, une certaine quantité de pans de murs. Au commencement de notre siècle, on passait encore sous l'une des portes du château ; mais aujourd'hui, tout est démoli et il ne reste plus que le donjon ruiné et de rares fondations des anciens édifices.

La Ville d'Étampes veille à la conservation de la grosse tour qui est entourée d'un frais et vert bocage ouvert au public. Elle doit joindre quelques ressources à celles qui seront fournies par le Ministère de l'Instruction publique et des Beaux-Arts pour des travaux nécessaires de consolidation. Ces travaux vont être entrepris prochainement sous l'habile direction de MM. Bruyère et Petitgrand, architectes des monuments historiques. D'après les renseignements qu'ils ont bien voulu nous communiquer, on ferait successivement : le rejointement des maçonneries supérieures, travaux de première urgence, on reprendrait les brèches et enfin on établirait des planchers sur le sommet, afin d'y pouvoir circuler librement.

Les feux d'artifice des fêtes officielles sont tirés, chaque année, sur la plate-forme de l'ancien château, et l'embrasement de la tour, à l'aide de feux de Bengale, produit un effet saisissant et attire toujours en cette ville un grand nombre de visiteurs.

Des fouilles furent pratiquées au milieu des ruines du château par A. de Grandmaison, en 1832, et, postérieurement, dans l'intérieur de la tour par la Ville d'Étampes à différentes époques. Ces fouilles, surtout les dernières faites par la Ville, amenèrent des découvertes très intéressantes rapportées en détail dans la description qui va suivre.

DESCRIPTION.

ENSEMBLE DU CHATEAU.

Le château d'Étampes était situé à l'extrémité du plateau de la Beauce qui domine la ville, vers le sommet de l'angle occidental formé par les routes de Dourdan et de Paris.

Son emplacement est marqué par son énorme donjon ruiné, ou *tour de Guinette,* qui est situé près de la gare du chemin de fer.

Voici une description très intéressante du château d'Étampes, donnée par dom Fleureau, et qu'il a tirée, selon nous, d'un procès-verbal d'évaluation des domaines du duché d'Étampes, fait sous le roi François Ier, en 1543.

Nous la citons littéralement :

« Le château d'Estampes qui est au bout de la
« ville du côté de Paris, situé sur une éminence
« dont il dominoit et la Ville et la Campagne,
« étoit autrefois environné de faussez à fond de
« cuve; on découvroit d'abord un gros pavillon de
« quatre toises de longueur et de seize pieds et
« demy de large dans œuvre, qui luy servoit de
« porte et d'entrée; il y avoit trois grands corps de
« logis; l'un de neuf toises de long, et de quatre
« de large, jointe au rés de chaussée à une salle et
« à une Chapelle, dédiée à l'honneur de saint Lau-
« rent Martyr : Le second avoit treize toises et de-
« mie de longueur, et trois et demie de largeur :
« Et le troisième huit de long, et cinq de large, le
« tout dans œuvre, accompagnez de trois grands
« escaliers couverts en pavillon, et de plusieurs
« petits bâtimens pour le service et la commodité
« du lieu. Il y avoit en haut une belle galerie de
« douze toises de long sur deux de large dans
« œuvre, ayant ses veuës sur la Ville, et un esca-
« lier particulier pour y monter, et une plate
« forme au bout, qui avoit douze toises de long, et
« six et demie de large dans œuvre, garnie de gros
« murs en trois sens tout autour, de six toises et
« demie de hauteur, et de six à sept pieds d'es-
« paisseur, enfin il y avoit trois tourelles sur le de-
« vant avec des contrepilliers hors d'œuvre, pour
« contrebouter la masse des terres. Cette plate-
« forme servoit de batterie pour la défense du

« Château : Et aussi pour voir avec plaisir la Ville,
« la prairie et la campagne voisine. Au milieu de
« tous les édifices étoit une *cour* (1) de 21 toises
« de long sur 14 de large, dans laquelle étoit un
« puits de pierre de taille de 25 toises de profon-
« deur et de quatre pieds de diamètre couvert en
« pavillon : et tout auprès une grosse tour servant
« de donjon, faite en forme de rose à quatre
« feuilles de 40 toises de tour et de 20 de hauteur;
« les murs de douze pieds d'épaisseur, dans la-
« quelle étoit un eschalier en forme de pied droit
« pour monter aux étages d'en-haut de cette Tour :
« au dessus de laquelle s'élevoit une Tourelle qui
« servoit d'Eschauguette, ou Guérite pour décou-
« vrir les avenuës, et les environs du Château. Il y
« avoit un puits dans le bas, qui montoit jusques
« au premier étage, au dessus du rez de chaussée de
« la Cour. Tous ces édifices étoient couverts d'Ar-
« doise et de Plomb, garnis de Roses, de Fleu-
« rons, et d'autres embelissemens : dont il ne
« reste aujourd'huy qu'une partie de la Tour ou
« Donjon, où les Vassaux du Duché d'Estampes
« vont rendre leurs Hommages (2). »

(1) On a dit que c'était *tour* qu'il fallait voir ici au lieu
de *cour;* les exemplaires du livre de Fleureau contiennent
en effet une erreur typographique (un *t* au lieu d'un *c*),
mais l'hypothèse d'une tour de vingt-une toises de long
sur quatorze de large n'est pas admissible. Cette grave
erreur de Fleureau a été reproduite par de Montrond et
d'autres historiens.

(2) Fleureau, p. 24.

L'auteur des *Antiquitez d'Estampes* ne dit rien autre chose du château qu'il a dû voir cependant presque en entier et qu'il lui était si facile de décrire.

Ce document historique donne, sinon la position relative des divers bâtiments, du moins leur dimension exacte. C'est l'ensemble de la forteresse avant qu'elle fût démantelée par Henri IV.

Après une certaine étude des lieux et l'examen de vieilles gravures, on peut retrouver à peu près la place que devaient occuper les parties principales de la forteresse.

On doit mentionner en premier lieu la gravure de C. Chastillon, qui représente une vue à vol d'oiseau du *donjon d'Étampes* prise, selon toute apparence, du côté de la ville. Elle est antérieure de quelques années au siège de 1652, le dernier qu'eut à soutenir la citadelle (1).

Nous avons donné au commencement de l'ouvrage une réduction de ce document précieux.

Il y a dans Mérian une belle vue de la ville et du *château d'Étampes* qui date à peu près de la même époque (2).

Enfin, il y a des vues un peu plus anciennes de

(1) Chastillon Claude *(Topographie ou représentation de plusieurs villes, chasteaux, etc., de toute la France)*, 1641, in-fol.

(2) Mérian Mathieu *(Topographie de l'univers)*, 1640, in-fol.

Tassin, dans *les Beauces*, collection de vues de Chartres, Estampes, etc (3).

Il n'existe malheureusement aucun plan du *château d'Étampes*; il n'a sans doute jamais été imprimé, car autrement le temps nous l'aurait conservé. Tous les dessins cités plus haut ne contiennent que le donjon, les murs d'enceinte de la ville ou du château, et un grand bâtiment carré qui, du pied de la grosse tour, regarde la vallée d'Étampes.

Nous avons le plan de dom Coutams qui date du milieu du xviii⁰ siècle; mais, comme il est à une assez petite échelle, il ne donne que de vagues renseignements sur les fortifications de la ville et du château à cette époque (4).

Une peinture du commencement du xviii⁰ siècle, conservée au musée d'Étampes, est sans contredit la pièce la plus précieuse. A côté du donjon moins en ruines qu'aujourd'hui, car il avait encore une partie de son échauguette, on distingue parfaitement la plate-forme, les pilastres des trois tourelles qui regardaient la ville et qui paraissent avoir été en encorbellement.

A l'aide de ces quelques documents nous don-

---

(1) Tassin *(Plans et profils des villes de France)*, 1631. 2⁰ partie, p. 41. — *Les Beauces ou dix-huit vues de Chartres, Estampes, etc.*, petit in-4⁰.

(2) Dom Coutams *(Atlas topog. des env. de Paris)*, Paris, 1760.

nous un essai de restitution du château d'Étampes.
Les dispositions, quoique un peu fantaisistes, doivent
approcher de la vérité comme aspect général.

De la ville on montait à la forteresse par un coteau sablonneux, en prenant la rue du Château-de-

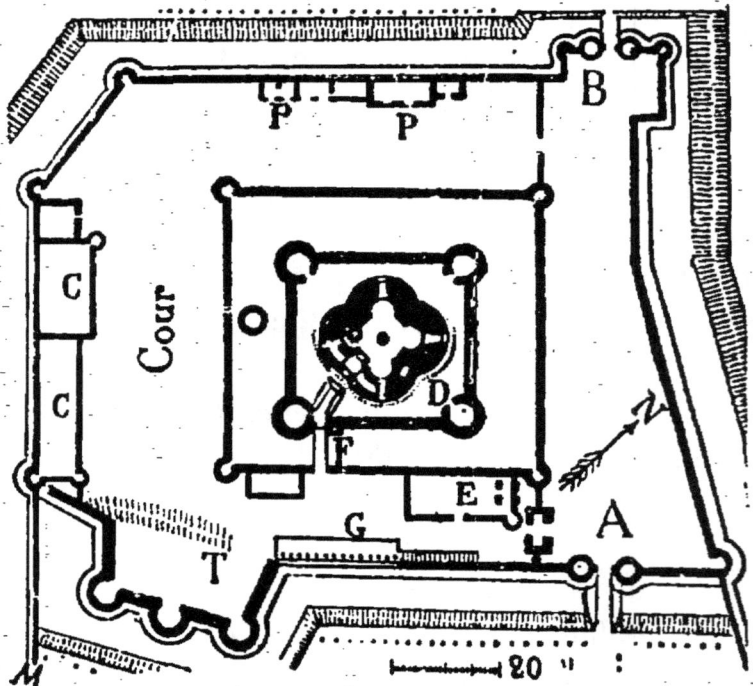

Plan du château d'Étampes restitué.

Légende : A B *Portes.* — C C *Corps de logis.* — D *Plate-*
forme. — E *Chapelle.* — G *Galerie.* — P P *Paneteries.*
— F *Porte menant au donjon.*

Guinette, autrefois rue de Bruyères, qui partait de
l'église Saint-Basile et passait sous l'une des huit
portes fortifiées d'Étampes, appelée *Porte des Lions* ou
du Château. On se trouvait alors sur l'ancienne route

de Dourdan, qui existait encore en 1839. Les forti=
fications de la ville étaient reliées à celle de la forteresse, ainsi qu'on le voit sur le petit plan d'en-
-semble placé à la fin de cette notice. Il y avait un
fossé très large et très profond qui est occupé aujourd'hui par la gare du chemin de fer. La voie

Le château d'Étampes sous François 1er.
(*Vue prise du côté de la ville.*)

ferrée occupe l'emplacement des fossés de la ville,
et le mur d'enceinte, qui existait en partie il y a
un demi-siècle, était dans l'axe du boulevard
Henri IV.

Deux portes fortifiées s'ouvraient dans les murs

d'enceinte du château : l'une A sur la ville, l'autre B sur la campagne, près de l'ancienne route de Dourdan. On reconnaît à première vue le donjon D ; à l'ouest sont les grands corps de logis C C ; au midi on voit la belle galerie G, par laquelle on accédait à la plate-forme T qui servait de batterie.

La chapelle E est située à l'est, du côté de la ville. Jusqu'en 1415, c'est dans cette chapelle que les deux paroisses Notre-Dame et Saint-Basile célébraient en commun la fête de saint Laurent. Il fut alors décidé que la cérémonie se ferait dorénavant dans l'église Saint-Basile qui était la plus proche du château (1).

Cette chapelle, dite de *Saint-Laurent dans la Tour*, avait, en 1574, un revenu de 50 sols parisis ; en 1648, elle valait 50 livres de rente (2), et en 1700, elle valait 120 livres de rente (3). Le chapelain était soumis au chapitre de Notre-Dame et avait sa place dans le chœur de cette collégiale (4). Voilà sans doute pourquoi la ferme de Guinette, voisine du château est encore aujourd'hui de la paroisse Notre-Dame.

La grande cour, dans laquelle on voyait un magnifique puits en pierre de taille, était située entre les corps de logis, le donjon et la plate-forme.

(1) Fleureau, p. 899 et 100.
(2) P.-V. d'évaluation du duché d'Étampes. Man. des arch. nat. — Pouillé man. du dioc. de Sens, à la bibl. de l'Arsenal.
(3) *Mém. de la généralité de Paris*, par Barbier. Manuscrit de 1700.
(4) Fleureau, p. 346.

Autour du donjon, on remarque deux enceintes quadrangulaires qui sont figurées sur la gravure de Chastillon : elles étaient flanquées chacune de quatre tourelles ou poivrières, mais l'existence de l'enceinte extérieure est problématique, car les anciens graveurs se sont souvent plu à embellir leurs œuvres en ajoutant quelques détails, sauf à s'écarter de la vérité. Quant à l'enceinte située près de la tour, et qui lui servait pour ainsi dire de cuirasse, elle existait certainement, car aujourd'hui on en voit encore une partie.

Au nord-ouest, du côté de la ferme de Guinette, il y avait plusieurs petits bâtiments qui servaient de paneteries. C'est également de ce côté que devait se trouver la basse-cour et les bâtiments ainsi énumérés dans un inventaire du 14 messidor an II : « Une chambre basse à cheminée, une grange à côté, grenier en mansarde au-dessus, petite étable à côté de la porte d'entrée, et généralement tous les murs faisant l'enclos du jardin. (1) »

En 1840, on voyait encore, près de la porte B, une mare qui servait à la ferme de Guinette. Dans les fouilles que l'on fit tout auprès pour la dessécher, on découvrit plusieurs ossements humains qui ont dû appartenir à des victimes du siège de 1652.

De toutes ces antiques murailles, il ne reste aujourd'hui autour du donjon que de larges fondations cachées sous les massifs d'un bois planté par

(1) Arch. départementales. *Rues d'Étampes,* p. 406.

MM. de Grandmaison et Poluche en 1832, et transformé en promenade publique par la ville d'Étampes en 1860.

Ce fut M. Poluche, beau-père de M. de Grandmaison, qui commença les plantations sur un terrain pierreux et sauvage; il y mit des ébéniers, des acacias, des frênes, des chênes, des sapins et d'autres arbres aux essences les plus variées.

On déblaya le sol à une assez grande profondeur, nous a dit M. de Grandmaison, mais on ne trouva pas d'autres ruines que celles qu'on voit encore aujourd'hui.

Voici le résultat des fouilles qui furent faites par le même, vers 1832, d'après une lettre qu'il nous écrivit le 16 mars 1867, après la publication de la première édition de cette notice :

« Dans le puits de la tour on trouva deux belles pièces d'or de Philippe-de-Valois et une pièce d'argent de Henri III. Dans le sol, en plantant un arbre, une pièce d'argent de François Ier. Enfin, dans les latrines d'une ancienne tour, à gauche du pavillon : plusieurs deniers tournois de Henri IV et de Louis XIII, une cruche et une tasse en terre rouge, un fer de flèche, un fer de lance, une cuillère en cuivre en forme de spatule, et diverses fibules ou agrafes en cuivre. »

On reconnaît encore les traces des anciens fossés du château dans l'une des allées principales, en A, B, C du plan du bois de Guinette joint à cette notice.

Près du donjon D on voit vers le nord, en E, une portion du mur de l'enceinte quadrangulaire. Ce mur, qui a 2 mètres d'épaisseur et 5 mètres de

Plan du bois de Guinette.

hauteur, avait naguère une longueur double, et, vers son extrémité tournée au nord, on voyait l'amorce de l'une des quatre grosses tourelles qui flanquaient ses angles. Cette tourelle tomba en l'an V, et ses débris encombrèrent la route de Dourdan. L'an IV, un invalide avait établi, au nord, le débit de boissons dont nous avons déjà parlé (1). On retrouve encore sur les murs du donjon les traces de la maison de l'ancien militaire.

En 1855, après s'être rendu acquéreur du bois de Guinette, M. Petigny, alors curé de Notre-Dame, fit bâtir à l'usage des orphelins un atelier de passementerie vers le point N au pied de la tour; il avait utilisé cette partie E du mur d'enceinte où l'on voit toujours l'emplacement des poutres du plancher du premier étage.

Nous dirons en passant que les orphelins n'étaient pas très rassurés en passant auprès de la tour, par suite de la chute des pierres du monument qui se dégrade tous les jours, surtout par un grand vent succédant à la pluie.

On découvre encore çà et là plusieurs fondations ou constructions souterraines dont voici les principales, figurées sur le plan du bois de Guinette:

1° Deux citernes circulaires F, G qui sont anciennes. La plus grande, F, est une vraie fontaine, et, comme elle renferme constamment de l'eau, même en été, on doit en conclure qu'elle est alimentée par une source. L'autre citerne G, qui a la forme d'une bouteille cylindrique ordinaire, est aujourd'hui tout à fait tarie;

(1) Manuscrits de l'Hôtel-de-Ville.

2° Les vestiges IIII des pilastres qui soutenaient les trois tourelles de la plate-forme, situées au-dessous du pavillon M;

3° Les traces I, J, K, d'anciens bâtiments ou d'anciens souterrains;

4° Et la portion E du mur d'enceinte du donjon.

Sur la promenade supérieure, parallèle au boulevard Henri IV, aboutissent deux passerelles qui mènent de la ville à la colline de Guinette en passant au-dessus du chemin de fer. Cette promenade est un chemin très ancien qui a été rectifié, vers 1840, lors de la construction de la ligne d'Orléans.

Le pavillon moderne M a été bâti par M. de Grandmaison, en 1832, sur la plate-forme du château, et sert maintenant de logement au gardien du bois de Guinette, qui est en même temps le gardien des ruines.

Dans ce petit bâtiment, qu'on aperçoit de très loin, eut lieu, le samedi 4 mai 1851, veille de la fête de l'Embarcadère, l'une des premières expériences publiques sur la lumière électrique.

Si l'on faisait pratiquer avec soin des fouilles dans les ruines du château d'Étampes, vœu que nous ne sommes pas seul à formuler depuis longtemps, on ferait d'importantes découvertes : peut-être la plupart des fondations des anciens bâtiments, et certainement le magnifique puits en pierre de taille de 50 mètres de profondeur et de 1m 33 de diamètre, qui était situé dans la grande cour du château. On ne sait pas autre chose sur

6

son emplacement, mais son existence ne peut être
mise hors de doute, et il est probable qu'il est situé du côté de la ville, non loin du pavillon. On ne

La tour de Guinette.
(*Vue prise de la place de l'Embarcadère.*)

sait pas non plus où se trouvaient les corps de
logis; nous présumons qu'ils étaient au sud-ouest,

du côté où l'enceinte du château était le plus accessible.

La superficie du château d'Étampes était d'au moins 2 hectares, mais celle du bois de Guinette, sans le donjon, n'est que de 1 hectare 26 ares.

Dans toutes les forteresses, le donjon formait la partie la plus fortifiée et la plus remarquable, et comme on peut toujours en étudier les admirables dispositions, nous lui consacrons ci-après un article spécial.

LE DONJON DU CHATEAU.

Une fois dans le château, on pénétrait dans l'enceinte particulière du donjon par une porte fortifiée F, indiquée sur le plan restitué. Prenant ensuite la chaussée diagonale L, on entrait dans le donjon par une poterne unique A, indiquée sur le plan ci-après. Cette porte, située au midi, est percée au-dessous du niveau du premier étage.

La vue géométrale de l'extérieur du donjon indique clairement la disposition de la porte d'entrée A : un pont-levis s'abaissait sur la chaussée diagonale, et une petite ouverture percée au-dessus de cette porte contenait sans doute le mécanisme destiné à faire jouer le pont-levis.

Le plan du donjon est celui d'une rose à quatre feuilles parfaitement régulière. Les quatre portions de tour ainsi formées ont un rayon extérieur de

6ᵐ 90. Le donjon a 78 mètres de tour, chiffre équivalant à 40 toises de 1ᵐ 95, et il se présente sur une largeur maximum de 24ᵐ 15. Les murs ont 4ᵐ 20 d'épaisseur à la base, 3ᵐ 90 au premier étage, 2ᵐ 90 au deuxième, 2ᵐ 58 au troisième; toutefois, l'une des quatre tours, celle qui regarde la

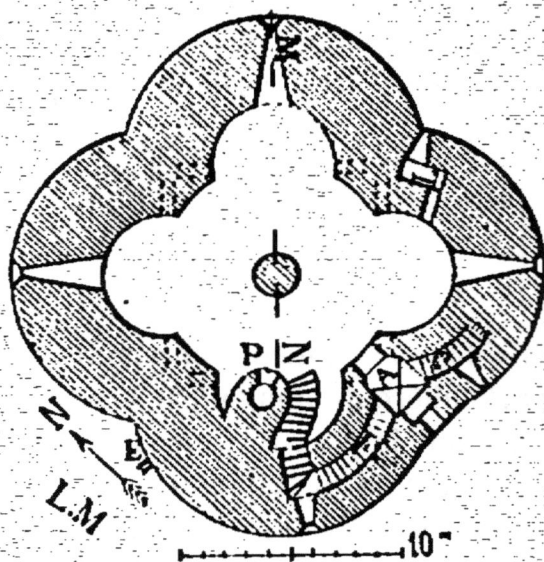

Plan de l'étage inférieur du donjon.

Légende : A *Poterne et vestibule.* — P *Puits.* — F G *Escaliers pris aux dépens de l'épaisseur des murs et conduisant à la cave et au premier étage.* — L *Latrines.*

ville, a une surépaisseur constante de 4ᵐ 20 jusqu'au troisième étage. Ceci s'explique à cause des escaliers et des petits appartements situés dans l'intérieur des murs, comme on le verra ci-après. Ainsi les dispositions défensives de l'intérieur du

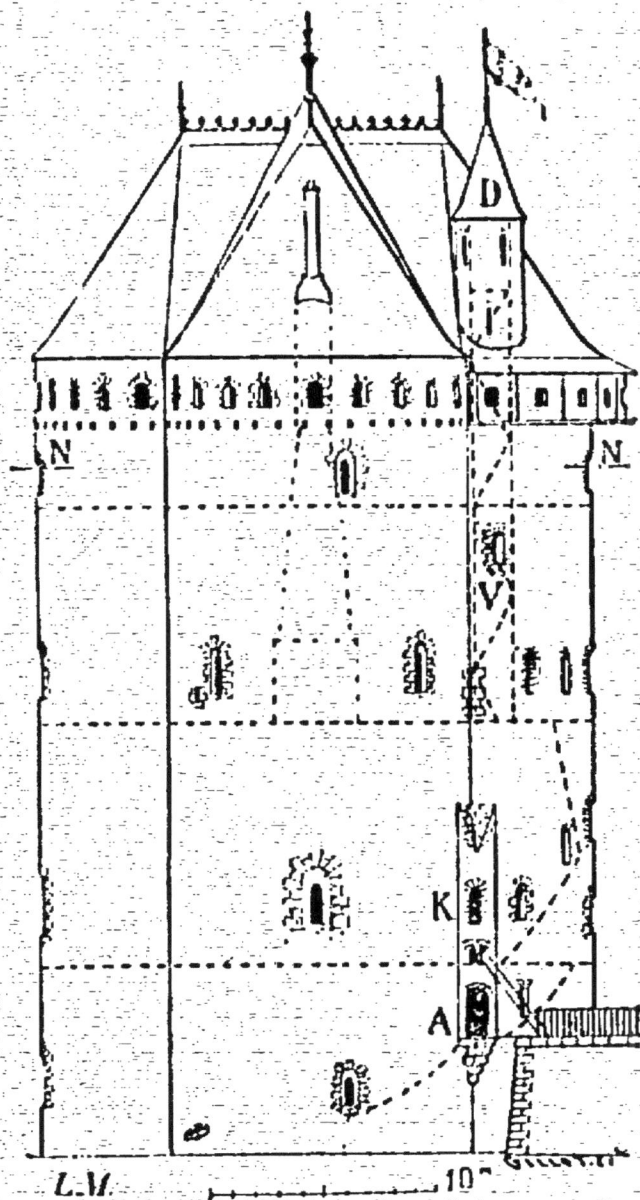

Vue géométrale de l'extérieur du donjon.

Légende : A Poterne. — K Corps de garde. — V Escali c
à vis conduisant à l'échauguette D.

donjon étaient admirables : bâti en retraite étage
par étage, l'assaillant ne pouvait s'en emparer
qu'étage par étage.

Si du vestibule A de la poterne, qui est indiqué
sur le plan de l'étage inférieur, on prenait à
gauche, on descendait sur le sol de la cave par un
escalier F pris aux dépens de l'épaisseur du mur
et arrivant près du puits P. La cave, éclairée seulement par quatre ouvertures très étroites, était
couverte par un plancher reposant sur une saillie
de la muraille et sur une grosse colonne centrale
circulaire qui montait jusqu'au second étage. On
voit encore aujourd'hui les larges trous qui recevaient les poutres principales.

Il y avait une cuisine près du puits P, car on
voit toujours extérieurement l'orifice E d'un évier.

Du côté opposé, en L, est une fosse d'aisances,
également dans l'intérieur de la muraille.

Si du vestibule on prenait à droite, on arrivait,
en I, au niveau du premier étage, comme on le voit
sur le plan de cet étage, par un escalier C faisant
suite à l'escalier F; de là, on entrait dans la salle
du premier par l'embrasure d'une fenêtre.

D'après Viollet-le-Duc, auquel nous empruntons
beaucoup de choses pour cette description, « le
vestibule de la poterne était placé à mi-étage, afin
que l'assaillant, entrant précipitamment et allant
droit devant lui, tombât d'une hauteur de plusieurs
mètres sur le sol de la cave où il se trouvait enfermé; et puis, d'ailleurs, les défenseurs postés sur

la rampe ascendante de droite devaient le pousser dans la fosse » (1).

Il n'y avait donc point de rez-de-chaussée, à moins qu'on ne veuille considérer le vestibule comme tel.

En supposant une coupe suivant l'axe MN des

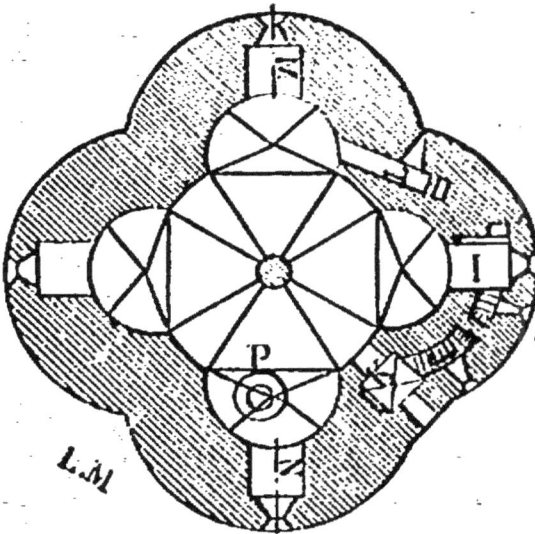

Plan du premier étage du donjon.

Légende : K *Poterne.* — I *Arrivée au premier étage.* — P *Puits.* — J *Escalier conduisant au deuxième étage.* L *Latrines.*

plans, nous obtenons la vue intérieure ci-après. On voit en A le vestibule, en I l'arrivée au premier étage, et en F la porte des latrines.

(1) Viollet-le-Duc, *Dict. raisonné d'architecture*, t. V, p. 51.

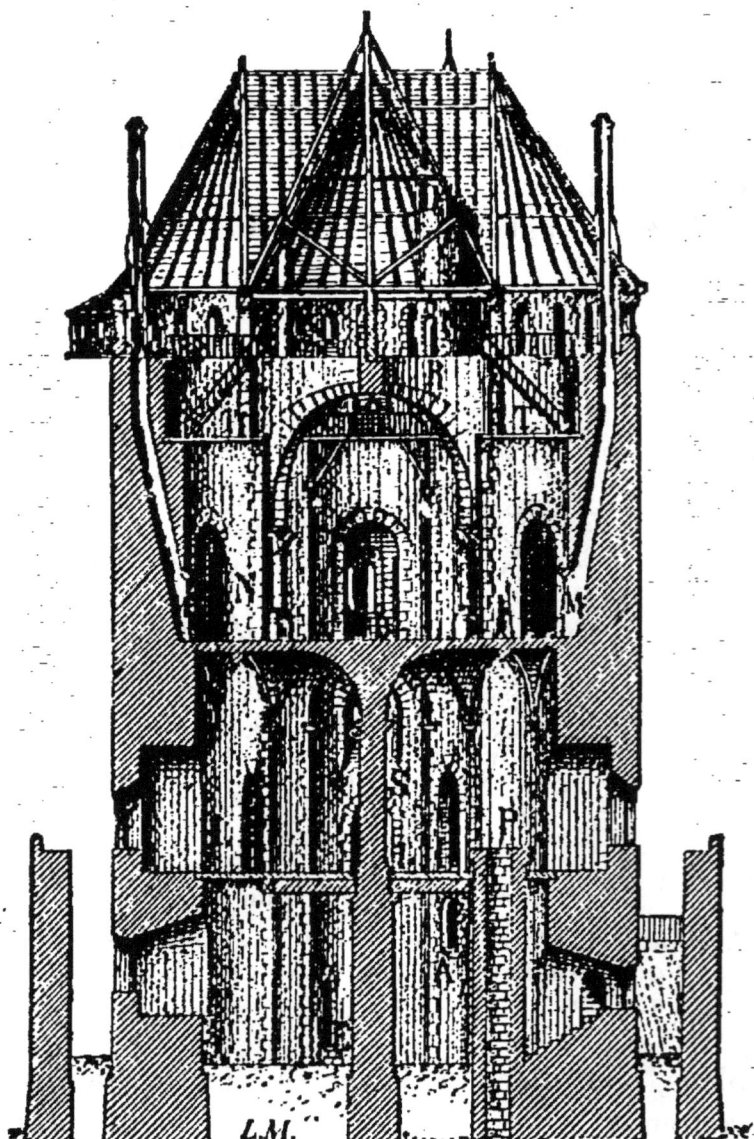

Vue intérieure du donjon (coupe suivant l'axe MN des plans).

Légende : A Fausse entrée intérieure. — L Latrines.
P Puits. — I Arrivée au premier étage. — S Fausse
entrée intérieure analogue à celle A. — B Arrivée au
deuxième étage. — MM Cheminées. — T Tribunes. —
R Arrivée au troisième étage par l'échauguette D.

La salle du premier étage, qui avait 10 mètres de hauteur, était éclairée par quatre fenêtres à larges embrasures intérieures et voûtées en pierres.

Au-dessus de la poterne située entre la convexité des tours qui ferment le donjon, on remarque sur

La Tour de Guinette au nord-est.

la vue géométrale une seconde ouverture K qui est aujourd'hui complètement défigurée par suite de l'arrachement des larges pierres qui l'entouraient. Cette ouverture éclairait une petite salle voûtée qui servait de corps-de-garde et était située

juste au-dessus du vestibule de la poterne. Ce petit
corps-de-garde contenait sans doute le mécanisme
destiné à faire jouer le pont-levis. Un trou quadrangulaire de 40 centimètres de côté, percé dans
la voûte du corps-de-garde, s'explique difficile-

Vue de la tour de Guinette au sud-est.

ment. Néanmoins, on est porté à croire que si ce
conduit n'était pas un mâchicoulis, il était tout
simplement ménagé pour livrer passage à la corde
d'une cloche située à la partie supérieure.

Le visiteur entre aujourd'hui par une ouverture

que l'on voit en avant, et qui n'était autre chose qu'une étroite fenêtre éclairant l'escalier. Cette ouverture est figurée en R sur le plan du bois de Guinette.

Le premier étage était voûté en pierres. La re-

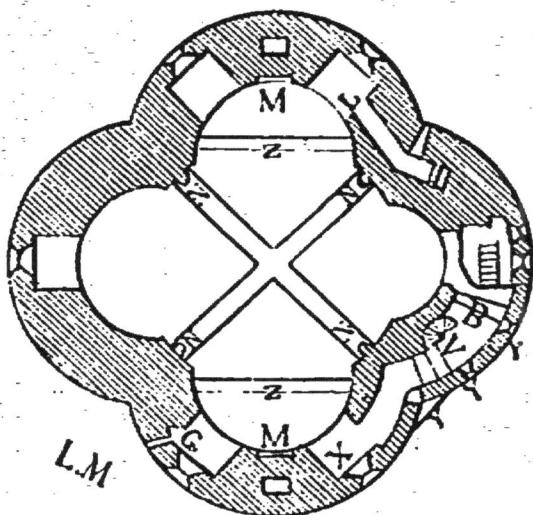

Plan du deuxième étage du donjon.

Légende: B *Arrivée au deuxième étage.* — N N N N *Colonnes.* — M M *Cheminées.* — L *Latrines.* — G *Évier.* — V *Escalier à vis.* — B, X *Galerie ou appartement dans l'intérieur des murs* — Y Y Y *Fenêtres éclairant cette galerie* — Z Z *Arcs doubleaux destinés à supporter la toiture centrale.* — X, M, G *Cuisine.*

tombée des nervures formées de grosses moulures rondes posait sur un simple tailloir ou cul-de-lampe et sur un pilier central (1).

(1) Selon M. Viollet-le-Duc, le premier étage était primitivement couvert par un plancher, qui fut remplacé par des voûtes, vers le milieu du xɪɪɪ⁰ siècle.

On remarque que le mur d'enceinte quadrangulaire s'approchait assez près de la tour, précisément vers les quatre fenêtres du premier étage. Il
est probable que du premier étage on pouvait jeter
autant de ponts-volants sur ce mur en cas de
siège, et se dérober aux poursuites des assaillants
par les souterrains. Du reste, le mur d'enceinte
paraît avoir atteint la hauteur du plancher du premier étage.

Pour monter au deuxième étage, il fallait entrer
dans le corps-de-garde et prendre la rampe de
l'escalier J placée juste au-dessus de la rampe inférieure. Un escalier en bois, placé à l'intérieur,
servait sans doute à cet usage. On arrivait ainsi en
S de la vue intérieure, un peu au-dessous du niveau du second étage, par l'embrasure d'une fenêtre. Dans cette embrasure, on remarque une
niche à plein-cintre dont l'usage s'explique difficilement : c'était peut-être le lieu ménagé pour y
placer une lampe.

Le second étage était la partie la plus remarquable de l'édifice et devait former l'habitation du
seigneur châtelain. Quatre colonnes NN, indiquées
dans le plan du deuxième étage, engagées dans la
muraille et ornées de chapiteaux, soutenaient de
forts arcs doubleaux diagonaux destinés à supporter un plancher. On voit deux énormes cheminées
MM dont il ne reste plus que les tuyaux. On aperçoit encore une petite ouverture G qui devait servir soit d'évier, soit de meurtrière.

L'escalier s'arrêtait brusquement en S de la vue

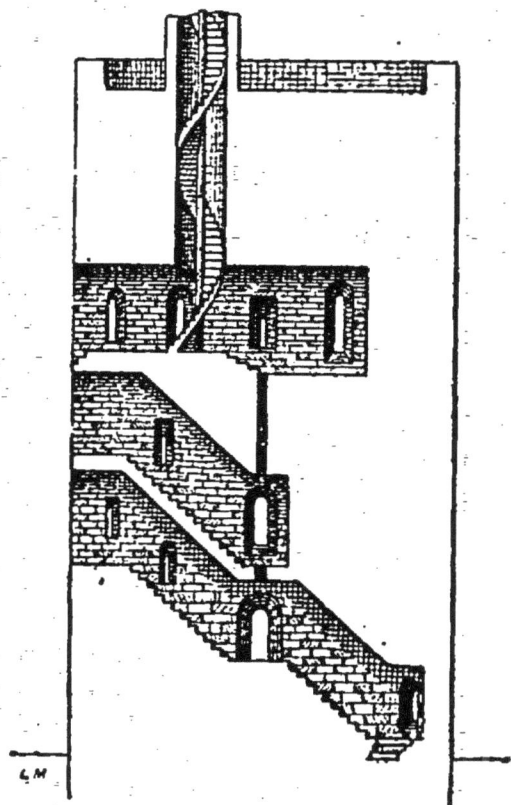

2ᵉ étage

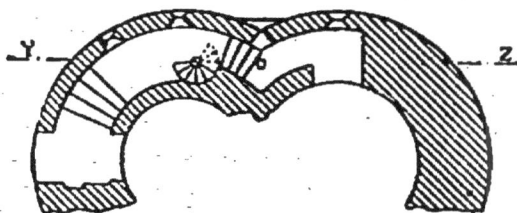

Coupe des escaliers du donjon.

intérieure, à l'endroit où existe une longue brèche.

On devait arriver au niveau du sol du deuxième étage, en B, par les degrés d'un escalier en spirale, ou plutôt à l'aide d'un escalier mobile. On se trouvait alors dans une belle galerie B X qui menait à un escalier à vis V débouchant en R au niveau du plancher du troisième étage.

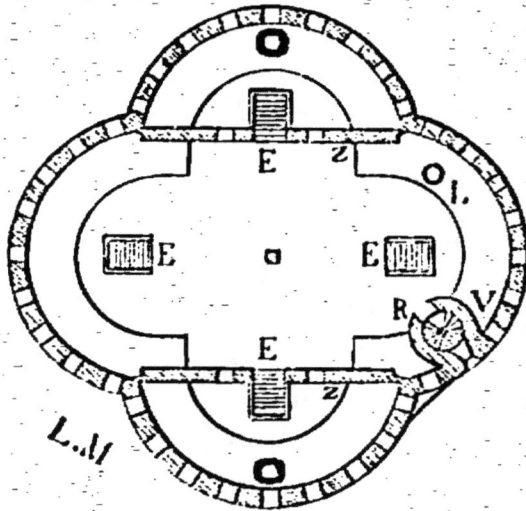

Plan du troisième étage du donjon.

Légende : V *Escalier à vis. —* R *Arrivée au troisième étage. —* Z *Murs supportant la toiture centrale. —* E *Echelles de meunier desservant les quatre tribunes.*

L'escalier à vis continuait dans une tourelle très élevée, surmontée de l'échauguette D, d'où l'œil embrassait tous les environs et jusqu'à la porte même du donjon qui se trouvait précisément placée au-dessous.

L'escalier en spirale est encore muni d'au moins quarante degrés plus ou moins bien conservés.

La galerie BX, prise aux dépens de l'épaisseur des murs et éclairée par plusieurs longues fenêtres YY, permettait d'arriver dans la cuisine XMG sans passer par la grande salle. Cette galerie pouvait encore être disposée pour cabinets de toilette, car de petits appartements, mieux éclairés que la grande salle, remplissaient parfaitement ce but. On doit remarquer que les fenêtres sont percées du côté de la vallée et que l'on y jouit d'un superbe panorama. Inutile d'ajouter qu'il fallait monter, puis descendre quelques degrés.

Deux arcs doubleaux ZZ supportaient deux murs, qui allégeaient la toiture centrale et le plancher du troisième étage.

D'après M. Viollet-le-Duc, quatre tribunes demi-circulaires TT, placées à mi-hauteur de la salle du second étage, communiquaient avec la salle du troisième à l'aide de quatre échelles de meunier EE passant à travers le plancher. Cette disposition avait l'avantage de permettre aux défenseurs de recevoir facilement les ordres du commandant et de le prévenir promptement de ce qui se passait au dehors. On pouvait, de cette manière, réunir toute la garnison dans la grande salle du troisième étage, sans encombrement, et l'envoyer aussitôt aux créneaux. On retrouve en place aujourd'hui les scellements des poutres principales de ces quatre tribunes, ainsi que les corbeaux qui recevaient les liens (1).

(1) Viollet-le-Duc, *Dictionnaire d'architecture.*

Il serait d'ailleurs difficile d'expliquer autrement la présence de ces planchers à mi-hauteur, sans moyens apparents pour y arriver.

Le deuxième étage avait 13 mètres de hauteur.

Le plan du troisième étage fait voir que la partie supérieure était complètement libre, traversée seulement par les deux murs ZZ portant sur les deux arcs doubleaux.

Le commandant du donjon pouvait rassembler une nombreuse garnison dans l'étage supérieur, uniquement consacré à la défense. Le plancher, sur lequel on devait mettre en réserve un approvisionnement considérable de projectiles, et qui avait à résister à tous les mouvements des défenseurs, offrait assurément une très grande solidité.

Les arcs doubleaux diagonaux situés au-dessus des quatre colonnes supportaient aussi le poinçon du comble.

D'après la gravure de Chastillon, le mur du troisième étage était percé de nombreux créneaux, assez étroits, éclairant l'intérieur. On les chercherait en vain aujourd'hui, car les constructions n'existent plus que jusqu'au manteau des cheminées, avant d'arriver au sol du troisième étage.

La partie supérieure devait pouvoir être, en temps de siège, garnie de *hourds* ou màchicoulis en bois, conformément au système défensif de l'époque (1). Nous avons figuré ces *hourds* sur les vues

_____

(1) Viollet-le-Duc, *Dictionnaire d'architecture.*

du donjon en élévation, du côté regardant la ville.

Il est fâcheux qu'il n'existe aucun renseignement sur la forme et la hauteur des toitures; mais on croit qu'elles étaient aiguës et coniques au-dessus des demi-tours composant le donjon. Un grand toit central supportait la portion qui ne posait pas sur la muraille.

Toutes les voûtes qui entrent dans la construction du donjon sont à plein-cintre *roman;* quelques

fenêtres sont couvertes par un simple linteau droit, mais on ne reconnaît nulle part aucune voûte ogivale. Ces formes des voûtes, ainsi que les sculptures qui ornent les chapiteaux, font remonter au xiie siècle l'époque de la construction de cet édifice, qui devait assurément offrir intérieurement quelque chose de monumental. Aujourd'hui, il est dans un mauvais état; cependant on reconnaît toutes ses dis-

7

positions intérieures, pourvu qu'on apporte une
certaine attention dans leur examen.

Les naissances des voûtes, ainsi que des arcs
doubleaux diagonaux et autres arcs doubleaux,

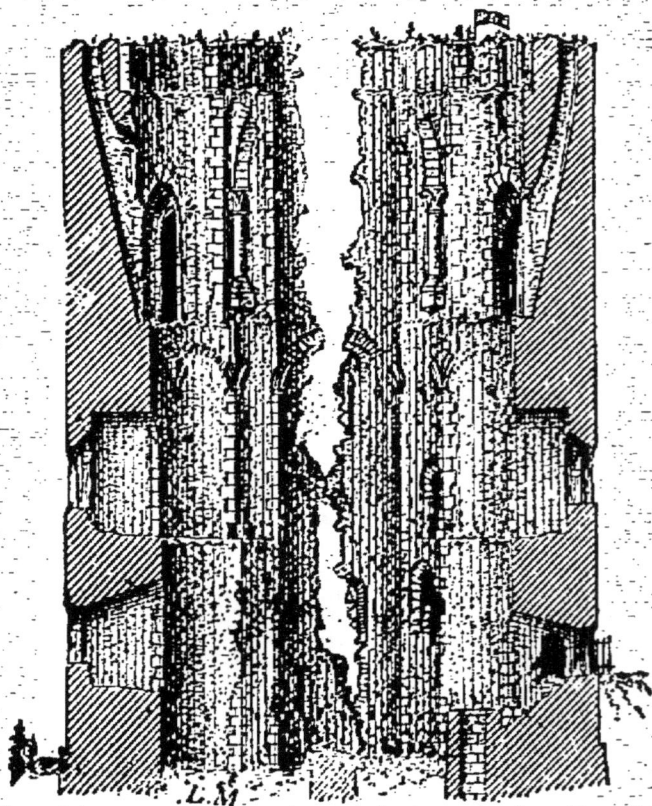

Vue intérieure de la tour de Guinette,
prise en regardant la Ville.

apparaissent en plusieurs endroits. Des quatre
belles colonnes du deuxième étage, il n'en reste
plus que trois. L'escalier à vis qui conduisait au
troisième étage est assez bien conservé. Les rampes

des escaliers inférieurs existent aussi; mais, vu
l'absence des voûtes et des planchers, on ne peut
parvenir jusqu'à l'escalier à vis qu'au moyen
d'échelles assez longues. Nous donnons plus haut
une vue intérieure de la tour en ruines qui corres-
pond à celle du donjon d'autrefois.

La tour de Guinette au nord-ouest.

Des amas considérables de belles pierres garnies
de fleurs de lis et d'autres ornements, qu'on aperçoit sur le sol, proviennent de la chute des voûtes.
Plusieurs pierres de taille en secteur, qui devaient
appartenir à la colonne centrale, indiquent par

leur courbure un diamètre d'environ 1ᵐ 40. Le *vandalisme* n'a, du reste, laissé que ce qui était ou enfoui trop profondément, ou trop difficile à démolir.

Les raies blanchâtres qui entourent extérieurement le donjon à différentes hauteurs datent du règne de Louis XVI.

La tour de Guinette au sud-ouest.

L'histoire de ces raies est assez curieuse : le marquis Poilloue de Saint-Mars avait transformé l'ancienne tour en un immense colombier, et fait boucher à grands frais plusieurs brèches. Pour préserver la couvée des pigeons de l'attaque des

rongeurs, il fit crépir les joints des pierres, les lézardes, avec du plâtre, en formant deux ceintures
de 2 mètres de hauteur entourant complètement
l'édifice. On voit encore intérieurement et au nord
un grand nombre de ces boulins ; mais la majeure
partie se trouvait, dit-on, du côté de la ville, à
l'endroit où l'on voit la grande brèche. C'est vers
1830 qu'eut lieu avec fracas un éboulement considérable de la partie restaurée en mauvais mortier
de terre rempli de boulins. Un nouvel éboulement
ayant eu lieu en 1880, M. Bourdeau, alors maire,
entreprit aussitôt des travaux de consolidation ; il
fit boucher la partie inférieure de la grande brèche,
et eut la bonne idée d'établir des rampes en fer
pour servir de garde-fou aux visiteurs. Ces travaux,
terminés en 1881, furent exécutés aux frais de la
ville d'Étampes.

Le puits et la fosse d'aisances sont deux détails
d'aménagement peut-être les plus remarquables
du donjon d'Étampes : ils étaient fort utiles, sinon
indispensables, dans un lieu où les assiégés pouvaient rester bloqués fort longtemps. Le puits a été
comblé ; mais on reconnaît encore parfaitement sa
forme cylindrique ; l'escalier du rez-de-chaussée y
conduit toujours. C'est M. de Grandmaison qui
commença à le déblayer en 1840.

Le grand conduit des fosses d'aisances allant de
la base au sommet de la tour, dans l'intérieur de
la muraille, est bien conservé. Ce fut évidemment
par ce conduit que les Bourguignons, en 1411,

s'emparèrent du donjon, sous la conduite de Roussel, bourgeois de Paris.

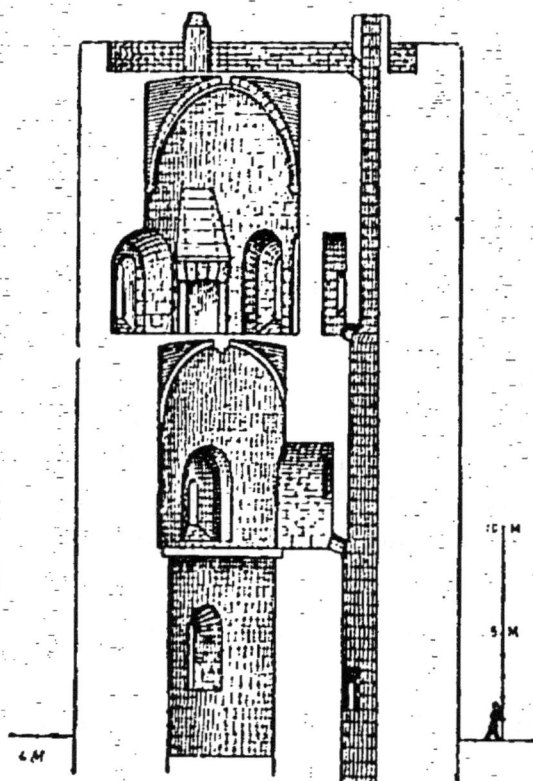

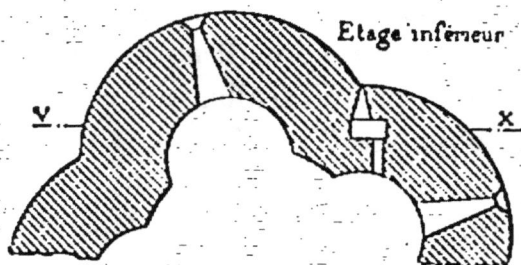

Etage inférieur

Coupe des latrines du donjon.

On voit la brèche au pied du donjon et à l'est,

du côté de la ville, sur les vues du donjon au sud-
est et au nord-est, vers l'angle rentrant formé par
la rose à quatre feuilles. Une grande étendue de
ce côté de la tour a dû être ruinée en même temps
à la base par les pics d'au moins trente assaillants.

Vers 1840, M. de Grandmaison a trouvé dans la
fosse des latrines et parmi la poudrette plusieurs
pièces de monnaie d'or et d'argent datant du règne
de Charles VI.

Si l'on regarde attentivement le pied du donjon
du côté de la ville, et particulièrement près de cette
brèche des latrines, on remarque que les fondations
sont hors de terre et qu'elles sont établies sur du
sable. Plusieurs indices portent à croire que ces
fondations n'étaient pas assises sur un terrain plat
horizontal, mais devait suivre la pente naturelle du
coteau.

En 1860, dans les fouilles pratiquées à l'intérieur
de la tour, on découvrit, à 2 mètres au-dessous du
sol de la cave et sous le pilier central, les traces
du pétard qui devait faire sauter l'énorme donjon
en 1590. L'explosion n'eut d'autre résultat que de
détruire une partie des voûtes et d'occasionner les
quatre principales lézardes que l'on voit encore
aujourd'hui sur les quatre faces du monument.
Quant aux autres brèches, elles ont été faites par
les boulets de canon, lors du siège de 1652.

Les recherches faites à 4 mètres du sol actuel et
au-dessous des fondations ne montrèrent aucune
trace de souterrains; mais elles amenèrent la dé-

couverte de belles pierres et d'une quantité prodigieuse de débris organiques, os de poissons, ce qui ne doit pas surprendre, puisqu'on sait que cet étage servait de cuisine. On a reconnu que les fondations reposaient sur le sable fin et suivaient la

La tour de Guinette et la gare des marchandises.
(Vue prise de la colline de Mâchefer.)

pente naturelle du terrain. Il est vrai qu'on ne découvrit aucun objet d'art, aucune pièce de monnaie; mais ces fouilles furent néanmoins très utiles, parce que l'orifice du puits fut mis à jour, et l'on eut quelque espoir de faire ultérieurement des découvertes en déblayant le puits de la tour.

Des fouilles furent faites en 1876 au moyen d'une souscription ouverte par les membres du conseil municipal, et un marché fut conclu avec M. Lehoux, puisatier à Brières-les-Scellés.

Commencées le 3 janvier, ces fouilles furent achevées le 22 du même mois. Elles amenèrent la découverte de véritables trésors artistiques.

A une profondeur de 28 mètres on trouva : des cuirasses en fer, canons, débris de mousquets, armatures de petites cloches, débris de poterie d'étain.

A une profondeur de 36 mètres on recueillit : trois pièces d'artillerie en bronze, du poids de 18 kilog., de 1^{m}01 de longueur, ayant 23 millimètres d'âme. Sur chacune de ces pièces se détachent en relief : d'abord, vers le milieu, la lettre H surmontée de la couronne royale de France ; au-dessous, la même lettre combinée avec deux D enlacés ; tous ces emblèmes accusent le règne de Henri II et de Diane de Poitiers.

A une profondeur de 48 mètres enfin, on découvrit trois boulets en pierre de 20 centimètres de diamètre, parfaitement sphériques, dont un seul est entier. Tous les objets trouvés dans ces fouilles sont au musée d'Étampes.

Les trois pièces d'artillerie à elles seules méritaient cette entreprise ; elles sont une précieuse découverte pour l'archéologie, et donnent l'espoir de découvertes ultérieures dans les ruines du château.

On devrait commencer par rechercher le puits de la cour du château qui, comme celui de la tour, est en pierres de taille, profond de 30 mètres, mais beaucoup plus large, car il a quatre pieds de diamètre et était « *tout auprès de la tour* ».

Le sol actuel de l'intérieur du donjon est un peu au-dessous de l'ancien sol de la cave.

Quand on fit la tranchée du chemin de fer d'Orléans, en 1840, on ne découvrit aucune trace de souterrains, soit dans la couche supérieure qui est un terrain calcaire, soit dans l'épaisse couche de sable qui constitue la colline. Il y avait des souterrains partant de plusieurs maisons de la ville; mais, quoique dans la direction du château et s'en approchant même assez, ils s'arrêtaient aux fossés de l'enceinte de la cité, à l'endroit occupé aujourd'hui par la gare des marchandises, et servaient aux assiégés en temps de guerre.

Toutefois, ainsi que nous l'avons vu lors du siège de 1411, il devait y avoir des souterrains qui, du château, se dirigeaient vers la campagne, et par lesquels les assiégés faisaient des sorties.

Selon la légende, un souterrain joindrait Guinette à Notre-Dame, un autre aux Templiers, cet ancien prieuré ruiné des chevaliers du Temple que tout le monde a vu en allant d'Étampes à Saint-Hilaire ou à Chalo-Saint-Mars.

La tour de Guinette est habitée par une quantité prodigieuse d'oiseaux de proie, qui se plaisent à y construire leurs nids. Inutile d'ajouter que la crête est couronnée d'une végétation luxuriante; cet effet se produit en général sur toutes les vieilles murailles.

L'ascension de la tour est assez périlleuse. Plus d'une fois, d'imprudents dénicheurs de corbeaux ont trouvé la mort en tombant de l'une des brèches, ce qui est arrivé notamment le 14 juin 1859, à un jeune manœuvre qui mourut de ses blessures six jours après, et en septembre 1870, à un jeune homme d'Étampes, qui fut tué sur le coup.

La base de la tour est formée de quelques assises en pierres de taille de moyenne grosseur; c'est un calcaire d'un grain fort dur. Tout le reste de la maçonnerie est en petits fragments de moellon cassé au marteau et formant un blocage d'une très grande solidité, qui était recouvert, à l'intrados comme à l'extrados, d'un crépi de mortier, chaux et sable. Tous les parements et les cintres des ouvertures sont bordés de pierres de taille soigneusement dressées et jointées par une couche très mince d'excellent mortier. Les claveaux des grands arcs doubleaux sont minces, d'une épaisseur uniforme et parfaitement posés. La brique n'a été employée que pour le foyer des cheminées; elle est disposée en arête de poisson. Enfin, sur les quelques plaques de plâtre restées aux murailles, on ne remarque aucune trace de peinture (1).

Nous pourrions ajouter que, parmi les nom-

(1) De Caumont, *Bulletin monumental*, t. XII, p. 488.

breuses inscriptions qu'on voit à l'intérieur, il y en a d'assez anciennes. On lit notamment celles-ci : Noudon, 1316 ; Deslouis, 1409 ; Dioudonnat, 1669 ; Deslouis, 1740 ; Vassor, 1811.

Le donjon d'Étampes, avec son plan en forme de rose à quatre feuilles, remplaçait avantageusement les donjons carrés des xie et xiie siècles ; son flanquement était même supérieur à celui des donjons cylindriques employés à partir du xiiie siècle. Dans les nombreuses ruines qui couvrent le sol de la France, on en trouve peu qui affectent cette forme.

On peut, sans exagération, évaluer à 50 mètres au moins la hauteur de l'échauguette et des anciennes toitures, à l'époque où la bannière du seigneur y flottait.

Qu'on se figure le château d'Étampes flanqué de toutes ses tourelles, avec la grosse tour surmontée de toits aigus garnis de fleurons, et on aura une idée approximative de l'aspect imposant et vraiment pittoresque qui attira maintes fois en ces lieux les plus augustes personnages.

Quoique le donjon ne fût pas posé sur le point culminant de la colline, du sommet des toitures on devait cependant pouvoir contempler les plaines immenses de la Beauce.

Nous avons mesuré sa hauteur *maximum*, et nous avons trouvé, comme M. de Caumont, de 31 à 32 mètres. Cependant, quoiqu'il ait perdu ses toitures et une partie de son couronnement, du sommet actuel on voit encore, non-seulement la vallée, mais aussi plusieurs villages situés sur une assez grande étendue de pays. Par un ciel serein, on voit la belle colonne trajane de Méréville, dont la colonne Vendôme, à Paris, reproduit l'architecture et les dimensions (1).

Il est quelquefois bien agréable à tout homme de jeter un regard vers le passé et d'étudier la grande histoire de la civilisation. Puisse cet ouvrage donner à quelques-uns le goût des antiquités et faire respecter au moins ces monuments de notre belle France, antiques débris qui, interrogés maintes fois par l'archéologie, ont éclairé des points historiques fort douteux.

(1) Une tradition assez accréditée veut que le donjon d'Étampes, sans ses toitures, ait eu autrefois 30 pieds de plus qu'aujourd'hui.

FIN.

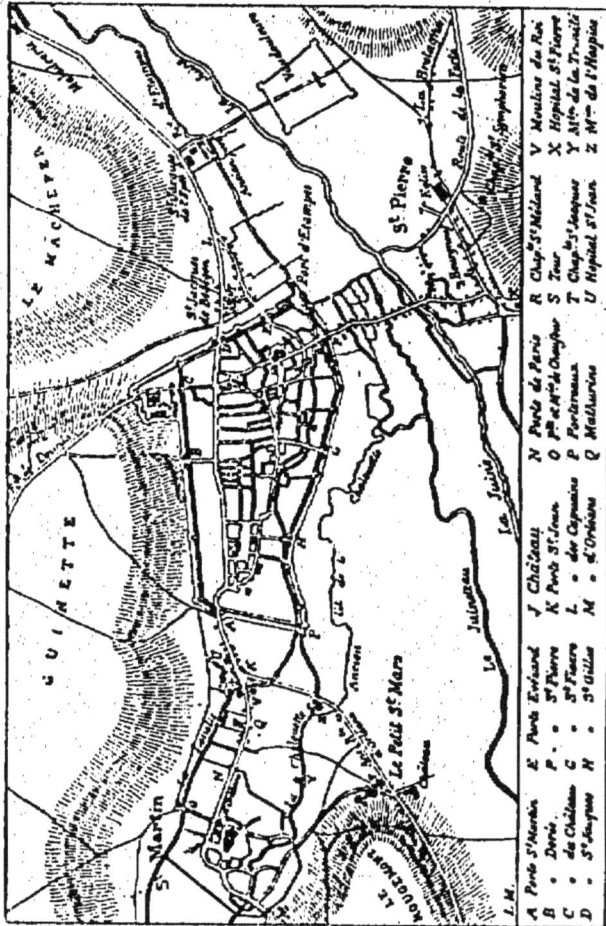

FORTIFICATIONS DE LA VILLE ET DU CHATEAU D'ETAMPES AU XVIᵉ SIÈCLE.

TABLE DES MATIÈRES.

~~~~~~~~~

HISTOIRE.

DESCRIPTION.

www.ingramcontent.com/pod-product-compliance
Lightning Source LLC
Chambersburg PA
CBHW051730090426
42738CB00010B/2178